社畜語

辞典

Corporate Slave Dictionary

コミュニケーションアドバイザー

唐沢 明 監修

KANZEN

職場でも学校でも教えてくれない社畜語が、あなたの世渡りを助け、生きる力を伸ばす！

　私が会社員だったころ、「仕事のコツは先輩から盗むもの」「わからなかったら先輩に聞け」と教わりました。これは不親切のように聞こえるかもしれませんが、「マニュアルはたしかに便利だが、表面的なため、その奥深さや背景がわからない」「肌感覚で身にしみついたことは、ずっと忘れない」というプラス面も大きかったといえます。

　アナログからデジタルへ、人から機械へと時代が移り、仕事のコミュニケーションは希薄になりました。何が重要なのかが不透明になり、やりがいを見いだせず、転職をくり返す人が増えました。目標を失い、生活費や家賃を稼ぐためだけに働いていませんか？　それが社畜化です。

　一方で、若い世代が嫌う、仕事上のつきあいやつながり、顔

を合わせたコミュニケーション、厳しいアドバイスには、人情や愛情がたしかに存在します。**業務マニュアルに記載されていない重要なキーワードをリアルに吸収することで、仕事のやりがいにつなげていくこともできます。**これがなくなりつつあるのは、じつに惜しい。逆に、マニュアルによって社畜が量産されていくのは、じつに悔しい。

　この本には777の社畜語が登場します。たとえば「百歩譲って」。この言葉は、相手の主張を尊重するときに使われます。しかし、上司の口からこの言葉が出てきたとき、あなたはある種の警告を受けているのです。なぜでしょうか？　答えは184ページにあります。

　こうした社畜語を習得することこそ、自分自身を社畜にしない近道です。ぜひ楽しみながら読んでみてください。

唐沢 明

社畜度 チェックテスト

ルール

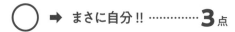

○ ➡ まさに自分!! ……………… **3**点

△ ➡ 知っている! ……………… **1**点

✕ ➡ なんのこと? ……………… **0**点

---

1 ○or△orX ➡ ☐

人としてまちがっていると思っても会社の意向にはさからいづらい。

➡くわしくは 036 ページへ

---

2 ○or△orX ➡ ☐

定時になっても、最初には帰りづらく誰かが帰るまで様子を見る。

➡くわしくは 053 ページへ

---

3 ○or△orX ➡ ☐

毎年、繁忙期になると上司が「今ががんばりどころだぞ」という。

➡くわしくは 070 ページへ

---

4 ○or△orX ➡ ☐

上司や先輩の好きなビールの銘柄を記憶している。

➡くわしくは 172 ページへ

---

5 ○or△orX ➡ ☐

「今日中」とは、つまり 23 時 59 分までだ。

➡くわしくは 076 ページへ

---

6 ○or△orX ➡ ☐

家族や友人に対して、「承知しました」を使ってしまう。

➡くわしくは 121 ページへ

実際にあなたの社畜度をチェックしよう。
左上のルールをもとに、〇△×を12個の枠内に
記入し、右下の判定表を見てみよう。

7 〇or△or×

レストランの予約をするだけでも、電話口でお辞儀をしてしまう。

➡くわしくは 122 ページへ

8 〇or△or×

1日に2本以上エナジードリンクを飲む。

➡くわしくは 049 ページへ

9 〇or△or×

定時でオフィスを出るときに、上司に帰る理由を伝えがちだ。

➡くわしくは 150 ページへ

10 〇or△or×

仕事はたいしてできないくせに、やたら出世する上司がいる。

➡くわしくは 184 ページへ

11 〇or△or×

平日で仕事が終わらなくても「土日にやればいいや」と考えがち。

➡くわしくは 076 ページへ

12 〇or△or×

ホウレンソウと聞くとハッとすることがある。

➡くわしくは 195 ページへ

社 畜 度 判 定

31点以上	……………	大将 ★★★★
23−30点	……………	大佐 ★★★
15−22点	……………	大尉 ★★
7−14点	……………	軍曹 ★
0−6点	……………	非戦闘員

☞ 社畜よ、始業の時間だ

社畜語辞典 もくじ

002 はじめに
004 社畜度チェックテスト
014 この本の読み方
015 社畜の基礎知識

028 愛社精神／あいみつ／
　　アウトソーシング
029 アウトプット／アカウント／
　　アグリー／アゴアシ付き
030 アサイン／朝活／足／
　　アジェンダ
031 足元の悪いなか／
　　アジャイル／預かり
032 明日やろうは馬鹿野郎／
　　遊び／アチーブメント／
　　安土敏
033 アットホーム／アテンド／
　　後出しジャンケン
034 後付け／あのころは良かった／
　　アポなし
035 天海祐希／アンテナを張る／
　　あんばい
036 いい意味で／いい会社／
　　イエスマン／異業種交流会
037 育児休暇／池上彰／
　　イケハヤ／勇み足
038 石和温泉／意識高い系／
　　椅子取りゲーム

039 板挟み／一億総活躍／一存／
　　一生に一度のお願い／
　　言った言わない
040 一丁目一番地／いってこい／
　　一本
041 稲盛和夫／イニシアチブ／
　　いのちの電話／イノベーション
042 今どきの若者は／
　　色をつける／岩瀬大輔／印鑑
043 インセンティブ／
　　インターンシップ／
　　インフルエンサー
044 Win-Win／上／wage slavery
045 打たれ強さ／打ち合わせ／
　　うつ
046 うっちゃる／打てば響く／
　　うまいもんでも食って帰んな／
　　裏どり
047 えいや／ASAP／
　　エクスキューズ／
　　エクストリーム出社
048 エクストリーム通勤／
　　Excel化／依怙贔屓／SNS
049 エスカレーター式／SDGs／
　　エナジードリンク／NR
050 エビデンス／MTG／
　　MBA／縁故採用
051 炎上／円満退社
052 おいおい／オーガナイズ／
　　OJT／おごったったやん

軽く一杯のお作法

053 お先に失礼します／
おざなり／おじさん構文／
お歳暮
054 お茶出し／お中元／
お疲れさまです／
おっしゃられる
055 お局／お電話が遠い／
落としどころ／
オフピーク通勤／オブラート
056 オフレコ／お前の代わり／
お見送り
057 オンスケ／オンとオフ／
オンライン会議
058 社畜を味わう作品①

 か 行

060 会議／解雇規制／会社人間／
カイゼン
061 解像度／買い出し／回転率／
顔採用
062 学生気分／ガクチカ／
確認します
063 学閥／学歴／菓子折り／
かしこまりました
064 箇条書き／風通し／家族経営
065 肩たたき／カタルシス／
カツカツ／ガッチャンコ
066 ガバナンス／カバン持ち／
カプセルホテル
067 株主総会／上座／
がむしゃら／仮面社畜／
ガラガラポン

068 カリスマ／軽く一杯／
カレンダーどおり
069 過労死／侃侃諤々／
歓迎会／幹事／神田明神
070 完パケ／がんばりどころ／
看板／幹部会
071 幹部候補／聞いていない／
黄色と黒は勇気のしるし
072 企画書／
聞きながらメモをとれ／
起業
073 机上の空論／喫緊／
昨日の今日／決め打ち
074 肝が据わる／肝に銘じます／
逆境／キャパ／
キャリアアップ
075 キャリアアドバイザー／
キャリアコンサルタント／
キャリアプランシート
076 休日返上／吸収／給湯室／
今日中
077 恐縮ですが／業務委託／
共有／教養
078 切り抜き動画／勤続表彰／
勤続疲労／勤務間インターバル

079 空気／ Google Meet ／
　　クールビズ／ググって
080 ９時５時／口裏合わせ／組合
081 クライアント／
　　クリティカルシンキング／
　　クレーム処理／クロージング
082 グローバル／経営者目線／
　　経験則
083 傾聴力／契約書／激務／
　　欠員補充
084 ケツカッチン／決起集会／
　　決算書／月曜日
085 結論から言うと／
　　元気があればなんでもできる／
　　健康診断
086 言語化／研修／現状維持
087 献身的／
　　現代用語の基礎知識／
　　言質をとる／検討します
088 現場がすべて／
　　ご挨拶だけでも／交渉術／
　　拘束時間
089 ５Ｓ／ゴールデンウィーク／
　　五月病／ご苦労さまです
090 ご査収ください／
　　ご自愛ください／
　　５時から男／個人情報
091 コスト意識／コスパ／ご足労
092 ゴチになります／寿退社／
　　小春日和／コピペ／ゴマすり
093 コミット／
　　コミュニケーション／
　　コモディティ

094 ゴルフ／コロナ疑惑／
　　コワーキング
095 コンシューマー／コンセプト／
　　コンセンサス／コンプラ
096 社畜を味わう作品②

098 サービス残業／最大公約数／
　　在宅手当／裁量
099 搾取／刺さる／
　　サステナビリティ
100 させていただく／左遷／
　　ざっくり／雑談
101 さとり世代／サブロク協定／
　　差別化／サマータイム
102 サマリー／五月雨／
　　左様ですか／サラメシ
103 ザル／産業医／残業自慢／
　　残業手当
104 ３高／三下／サンモニ／ CSR
105 CC に入れる／Ｃ○○／
　　ジェネラリスト
106 資格試験／自己開示／
　　自己管理／自己犠牲
107 自己啓発本／自己肯定感／
　　自己効力感／事後処理
108 自己点検／仕事抜きで／
　　仕事始め／自己評価
109 指示待ち／時代性／下請法／
　　下積み／実家暮らし
110 失念／失敗／失敗自慢
111 質問ありますか？／

すぐやりまーす！

実力主義／自転車操業／
シナジー

112 地ならし／始発／辞表／
自分探し

113 自分へのごほうび／
自分への投資／自分磨き／
始末書

114 社会人基礎力／社会の窓／
社食／ジャストアイデア

115 社是／社長案件／社長様／
社内結婚

116 社内コンペ／社内報／
視野に入れる／遮二無二／
ジャブを打つ

117 社用車／週休2日／終日／
終身雇用

118 終電／粛々と／主体性／
出社拒否

119 出世街道／出張／出張土産／
10分前行動

120 趣味の延長線上／
シュリンク／
シュレッダー行き／奨学金／
常識の範囲／上場

121 上昇志向／昇進試験／
承知しました／賞与

122 昭和／ショート／暑気払い／
職業病

123 ジョブ型／ジョルダン／
白羽の矢／知らんけど

124 人海戦術／人事異動／
人事考課／新人類

125 診断書／人畜無害／新年会／

新聞スクラップ

126 人脈／スーパーコンパニオン／
Zoom／スキーム

127 スキルアップ／
「好き」を仕事に／すぐやる／
スケジュール感

128 ステークホルダー／
ストレス耐性／
スペシャリスト

129 すべては慣れ／スリム化／
成果主義

130 税込／精算／生産性／精神論

131 セカンドキャリア／責任者／
セクション／世代格差／接待

132 Z世代／背広組／セミナー／
ゼロイチ

133 全員野球／前職／
センターピン／洗脳

134 全力投球／送別会／
属人化／即戦力

135 即レス／そもそも論／
ソリューション営業

136 社畜を味わう作品③

た行

138 ターゲット／体育会系／
大企業／太鼓持ち

139 大丈夫です／タイト／
第二新卒／タイパ／
ダイバーシティ

140 タイムカード／抱き合わせ／
タクシーチケット

141 竹中平蔵／他者への想像力／
タスク／たたき台

142 脱サラ／脱社畜／達成感／
たった今／建前

143 棚卸し／田端信太郎／
ダブスタ／ダブルスクール

144 ダブルブッキング／
ダマでやる／たらいまわし／
段取り

145 段ボール／ちえ丸／
遅延証明書／ちきりん

146 遅配／Chatwork ／
茶柱が立つ／チャレンジ

147 中小企業／ちょいと一服／
朝礼

148 直行直帰／
ついでのときにでも／
つかぬこと／月一／
突き抜ける

149 常見陽平／手垢のついた／
DX推進／ TPO ／体裁

150 定時／ DINKs ／手探り／
デジタルイノベーション

151 ですます調／出たとこ勝負／

丁稚奉公／デッドライン／
鉄板

152 てっぺん／鉄砲玉／手離れ／
出前／テリトリー

153 出る杭／テレコ／
テレワーク／転勤族

154 天狗／転職サイト／
テンパる／テンプレ／顛末書

155 電話番／同一労働同一賃金／
同期／同窓会

156 同調圧力／堂々めぐり／
どうにかしろ

157 独身寮／所ジョージ／特化／
トップダウン／
トップバッター／
飛び込み営業

158 とらばーゆ／とりあえず謝る／
とりあえず3年

159 取り急ぎ／取り込み中／
取締役会／取り巻き／
泥舟／トントン

160 社畜を味わう作品④

な行

162 内定取消／内部告発／流す／
泣く／投げる／仲人

163 雪崩／
何かあったら連絡ください／
名ばかり管理職

164 成田悠輔／なるはや／
なるほどですね

165 ナレッジ／ナンバー2／

ニーズ／ニート／握る

166　二重敬語／日曜日／
　　　日経新聞／新田龍

167　日報／二刀流／二番煎じ／
　　　二匹目のドジョウ

168　人間関係／人間力／認識／
　　　濡れ衣／寝かせる

169　ネグる／ネゴる／熱量／
　　　寝てない自慢

170　根回し／寝技／年賀状

171　年功序列／年収／年俸制／
　　　年末年始／ノー

172　ノー残／伸びしろ／
　　　のほほん／飲み会／
　　　飲みニケーション

173　乗りかかった舟／ノルマ／
　　　ノンキャリ

174　社畜を味わう作品⑤

は行

176　パーキンソンの法則／
　　　パイセン／パイプ／バカ息子

177　歯車／派遣社員／
　　　バジェット／はしごを外す／
　　　畑／バタバタ

178　働き方改革／ハック／
　　　バッファ／花金

179　花見の席取り／派閥／
　　　パフォーマンス／
　　　バブルのころは

180　原田曜平／ハレーション／
　　　パレートの法則／

　　　パワーバランス

181　パワポ資料／半ドン／PDF／
　　　PDCA サイクル

182　B to B／引き継ぎ／
　　　ピケティ／
　　　ビジネスカジュアル

183　ビジネスモデル／ビジョン／
　　　ひと手間／ひとまず／
　　　独り相撲

184　百歩譲って／
　　　ヒヤリ・ハット／ヒラメ上司

185　ひろゆき／FIRE／ファジー

186　ファシリテート／
　　　フィードバック／
　　　フィックス／50：50／
　　　フォーマット

187　フォロー／副業／ぶしつけ／
　　　部署を越えて／ぶっちゃけ

188　無難／ブラック企業／
　　　ブラッシュアップ／
　　　フラットな目線

189　ブランディング／無礼講／
　　　フレキシブル／ブレスト

190　プレゼン／
　　　フレックス制／

プレミアムフライデー／
プロ意識
191 プロジェクト／プロパー／
粉骨砕身／平成／平熱
192 ベター／
ヘッドハンティング／
ペラ一枚
193 ベルトコンベア式／勉強会／
勉強して／ベンチ／
ベンチャー
194 ペンディング／方向／
法定労働時間／忘年会
195 ホウレンソウ／ボール／
保険屋さん／ポスト
196 ボトルネック／ほぼほぼ／
ほめて伸ばす／ホリエモン
197 ホワイトカラー
エグゼンプション／
本田宗一郎／ポンチ絵
198 社畜を味わう作品⑥

200 マージン／
毎月勤労統計調査／
マイペース／マイホーム／
マインド
201 マウンティング／まえかぶ／
前倒し／前の会議
202 孫請け／
マスト／またの機会／
松下幸之助／窓際族
203 学び／マニュアル／

マネジメント
204 マネタイズ／丸投げ／
○○職人／
○○チルドレン／○○ 2.0
205 ○○ハラ／○○マター
206 丸める／満員電車／漫喫／
マンパワー
207 見える化／右肩上がり／
見切り発車／味噌をつける／
身だしなみ
208 見なかったことにする／
みなし残業／
みなし労働時間／
身バレ
209 見回り／明日／
見る人は見ている／無趣味
210 無駄／無断欠勤／
無遅刻無欠勤／無理／名刺
211 目を通す／メンター／
メンタル／もう帰るの？
212 もうひと踏ん張り／
持ち帰り仕事／
持ち帰ります
213 持ちつ持たれつ／
モチベーション／揉み手／
揉む
214 社畜を味わう作品⑦

216 役職定年／やっつけ仕事／
闇専／やりがい
217 やりたいことはなんだ／

槍玉／やる気／有休

218 有休買取／優秀な人材／
優先順位／行先予定表

219 ゆとり世代／ヨイショ／
要領

220 養老SA／
よきにはからえ／横文字／
よしなに／よしんば／
予測変換

221 予定調和／40歳

222 社畜を味わう作品⑧

224 ライン／
ランチミーティング／リア充

225 リーダーシップ／利益／
リカレント／離職率

226 リスキー／リスクヘッジ／
リスケ／理想の上司

227 利他精神／リテラシー／
リモート勤務／リモート疲れ

228 流動性／流動的／料理／稟議

229 ルーティンワーク／
レギュレーション／
レジリエンス／レスポンス／
連勤

230 老害／労基署／労災／
労使協定

231 労使交渉／労働基準法／
労働条件／ロールモデル

232 ローンチ／
ロジカルシンキング／

ロスジェネ

233 ロット／ロハ／
ワーカホリック／
ワークシェアリング／
ワークショップ

234 ワークフロー／
ワーク・ライフ・バランス／
ワーケーション

235 若者言葉／若者の○○離れ

236 私／1 on 1

237 ワンコールで取れ／
ワンチーム／ワンマン

238 社畜を味わう作品⑨

239 おわりに

この本の読み方

解説

見出し語の意味や由来、使われるシーンや背景を説明しています。

見出し語

社畜に関する言葉をあいうえお順で掲載しています。

INDEX

ページ内で紹介する先頭 / 最後の見出し語を示しています。

記号の意味

言 ＝よくあるセリフ、敬語など
制 ＝法律や制度
行 ＝行事、イベント
人 ＝個人名、人間を表す言葉
物 ＝仕事にまつわるモノ
カ ＝カタカナ言葉
ソ ＝ソフトウェア
相 ＝相撲に関わる言葉
野 ＝野球に関わる言葉

あ

愛社精神

愛社精神【あいしゃせいしん】

自分が働いている会社を愛する気持ち。愛社精神が強いと高いモチベーションで働くことができ、仕事の成果も上がりやすい。一方、愛社精神が弱い状態ではモチベーションが高まらず、退職という言葉が頭の中をチラつき出すようになる。会社は新入社員の愛社精神を内定者懇談会や新人研修などで育み、既存社員の場合は社員旅行やレクリエーションで育みながら、全社一丸の態勢を築こうとする。いち会社員として、会社を愛し、その会社で働く自分に誇りをもつのは大切だが、愛社精神をもちすぎると、「会社に貢献するためならなんでもやる」といった危険な思考に飛躍しがちなので要注意だ。

あいみつ【あいみつ】

相見積もりの略語。ある仕事を依頼・発注した場合にいくらかかるのかを複数の会社に出してもらい、内容を比較すること。価格のちがいだけでなく、詳細なサービスやサポート内容、納期のちがいもわかるため、仕事相手を決めるうえで大切な行程となる。多くの場合、見積もりを求められる側は一銭にもならない作業をするうえに他社と比較されるわけだから、良い気分であるはずがない。

他社にも見積もりをお願いしていることをオープンにしつつ、値下げ競争をさせる目的をボカすなど、繊細な気配りが求められる。なお、カタカナで「アイミツ」と書くことも。

アウトソーシング 【あうとそーしんぐ】カ

業務を外部の会社へ委託すること。日本語では外注と呼ぶのが一般的だ。業務全般を、社内でやる仕事と社外に頼む仕事に分け、後者を外注することによって、社員を本来やるべき仕事に注力させられる。すべて自分でやらなきゃと考えると社畜になってしまうが、すべてアウトソーシングしてしまうのは単なる怠け者であり、いつしかその人自身が会社から用なしの烙印を押されてしまう。

イラスト

見出し語およびその説明に関するイラストを掲載しています。

知らずに勤めている人は危ないかも
そもそも、会社って？

営利法人	営利を目的として事業を行う法人
株式会社	株式を発行して資金を集めて事業活動を行う会社
合同会社	株式会社と似ているが、社員全員が有限責任を負う
合資会社	無限責任社員と有限責任社員で構成される会社
合名会社	無限責任社員のみで構成される会社

公益法人	公益を追求するために事業を行う法人
社団法人	ある目的のもとに結合した人の集団で、法人となったもの
財団法人	ある目的のために提供された財産を管理運用するためにつくられた法人
NPO法人	非営利で社会貢献活動や慈善活動を行う市民団体

中間法人	組合員の福利厚生などを目的とする法人

― 「カンパニー」の由来 ―

「会社」という日本語は、英語の「company」を訳したもの。その語源は、「一緒に（com）」「パンを食べる人（pany）」。公的な役割をもつ有志の仲間というニュアンスだったが、いつの間にか「儲けを追求する営利集団」の意味になってしまった……。

会社とは、会社法に基づいて設立された営利法人である。
法律的には「人」としてさまざまな権利・義務を
負いながら営利を追求する。

社畜が生まれる大きな理由として、「一流企業で定年を迎えるのが勝ち組」「安定が何よりも重要」という終身雇用信仰がある。「転職でキャリアアップは危険」「根性がないから途中で辞める」とまわりから見られる不安があるため、ひとたび就職したら、どんなに安い給料で、どんなに長時間働かされたとしても、自分の居場所はそこしかないと思い込んでしまうのだ。実際には、終身雇用は崩壊しており、心や身体を壊す人が増えている。望めば自由な働き方はできるようになっているのだが……。毎日、同じ人と同じ場所で同じような日々を過ごすうち、いつの間にかそれが当たり前だと錯覚してしまう。

一方、会社としては社畜が多いほうが都合よく、新人研修や先輩からの指導において、輪をかけて「これが普通だよ」と洗脳していく。こうして、ひたすら会社のためだけに働き続ける社畜ができあがるのだ。

会社と社員は対等

社員は会社に労働を提供し、その対価として、会社は社員に報酬を支払う。つまり会社と社員は本来、対等な関係である。しかし現実には、社員は弱い立場に置かれやすい。そのため、労働基準法や労働組合により社員は保護されている。

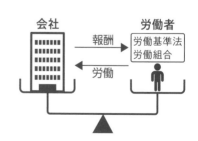

慣れれば簡単、でもそれが危険
社畜の作法

通勤

地震でも、台風でも、何がなんでも定時出社を目指す。

エレベーター

乗る順番を譲り合い、「どうぞどうぞ」とダチョウ倶楽部のようになる。

電話

謝罪するときには、電話口でも深々と頭を下げる。

社内の偉い人登場

仕事の途中でも、みな一斉に立ち上がる。

・複数人で移動中の電車内では、人数分の座席が空くまで座ってはいけない。
・メールを送ったあとに電話をして、メールが届いているかどうか確認する。

端から見れば滑稽に見える作法でも、
社畜には社畜の事情があり、そう行動する理由がある。
社畜には安らげる時間は一瞬もない。

乾杯

グラスは相手より下げてぶつける。相手が下げたらより下
げる。腰より下までいくことも。

お酌

偉い人の前には、お酌をする人の行列ができることも。

帰り際

みんなで一斉に店の外に出て、社長をタクシーまでお見
送り。通行人の邪魔になろうがかまわない。

酒席の翌朝

お金をちょっと多く出してくれた上司のもとへ、翌日はど
んな仕事よりも優先して朝イチでお礼をする。

・けっして偉い人のグラスを空にしてはいけない。
・瓶ビールを注ぐときは、絶対にラベルを上にする。

信頼と実績型

やる気 有／能力 高

見た目
高級感のあるスーツ、声が大きい

性格
責任感が強い

ポリシー
元気があればなんでもできる

特技
納期を守る、100％出力

扱い方	重要かつ大きな仕事をやらせる
NGワード	「勝手に動くな」「現実が見えていない」

言いなり幹部候補型

やる気 無 / 能力 高

決まりなので…

見た目
清潔感があり、キレ者風

性格
競争意識が強い

特技
二枚舌

ポリシー
結果さえ残せばいい

扱い方	ほめてほめてアイデアを提案させる
NGワード	「やる気あるのか」「調子に乗るな」

社畜の類型 ❸

永遠のソルジャー型

やる気 有／能力 低

見た目
疲れ気味、スーツがヨレヨレ

性格
頼まれると断れない

ポリシー
現場主義

特技
多くの仕事をこなす、残業ウエルカム

わかりました…

扱い方	重要な仕事以外を大量にやらせる
NGワード	「量より質」「もう少し丁寧にやって」

社畜の類型 ④

自意識・自信過剰型

やる気 無／能力 低

見た目
若々しさと強気な発言

あざ〜っす！

性格
自己愛が強く秘密主義

特技
定時に帰ってジムに行く、人脈づくり

ポリシー
要領よく生きる、世渡り上手

扱い方　　おだててルーティンワークをやらせる

NGワード　「失敗を次に生かして」「会社の方針だから」

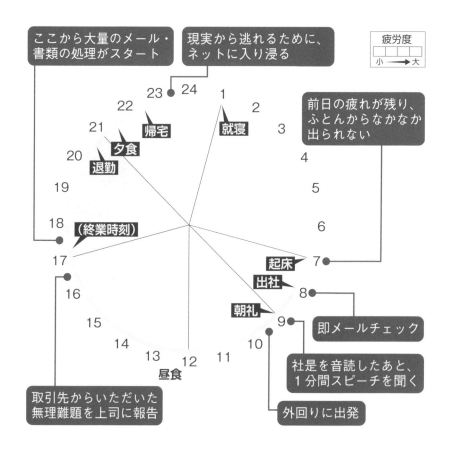

社畜の１日

みんなだいたい同じ！

ここから大量のメール・書類の処理がスタート

現実から逃れるために、ネットに入り浸る

疲労度
小 ━━▶ 大

前日の疲れが残り、ふとんからなかなか出られない

23 ● 24　　1　　2　　3

22

21　帰宅

20　夕食　　　　　　　4

退勤　　　　　　5

19　　　　　　　　6

18　（終業時刻）　　　起床

17　　　　　　　7 ●　出社　　8 ●　**即メールチェック**

16 ●

15

14　　　　　朝礼　9

13　12　11　10　　　外回りに出発

昼食

社是を音読したあと、1分間スピーチを聞く

取引先からいただいた無理難題を上司に報告

月から金まで、判を押したような過ごし方。
予定外の会議やトラブル対応が発生すると
疲れは倍増し、ゆとりがますますなくなる。

しんどくても乗り越える

社畜の１週間

　月曜日は想定外のトラブルが発覚したり、予定外の連絡や依頼を引き受けたりしてテンションは下がる一方。それが火曜日の午後に終わり、ようやくペースをつかむ。水曜日もそのまま惰性で乗り越える。木曜日になると疲れがたまって気分が沈むが、金曜日で終わりなのでがんばる。といいつつ、積み残していた仕事があるため土曜出勤。疲れ果てて日曜日はダラダラ過ごし、憂鬱な夜を迎える。これが典型的な社畜の１週間だ。

人生を無駄にしないためにやるべきこと
脱 社畜の心得

思考	・会社を「雇ってもらっている存在」ではなく、「契約相手」ととらえる ・社内のルール、人間関係は「そこだけのもの」と考える
態度・見た目	・上司や先輩に媚びない、依存しない、期待しない、甘えない ・「今日は内勤だけだからいいか」と、見た目に手を抜かない ・つねに第三者を意識して小ぎれいに
働き方	・会社勤めによって得られる信頼感、使えるお金、出会える人を存分に活用する ・社外の知人と会う機会を多くもつ

「おもしろさ」「ワクワクの源」を見つけよう

　どんな会社やどんな仕事でも、つらいこと、イヤなことはある。しかし、あなたがそこでやっていることは、誰かの役に立っている。社畜として飼い慣らされ、使い捨てられるのがイヤなら、仕事のおもしろさ、おもしろい人を見つけて、少しでも楽しもう。

　たとえば、「この人、いつも怒っていて疲れないのかな」と別の視点で会社を見てみたり、中途採用で入社した人に「うちの会社ってヘンですか?」と聞いてみたりするのもいいかもしれない。やる気がなくても楽しむ方法は、いくらでもある。

あ行

あいさつは重要、と入社してすぐに教えられる。しかし、先輩社員や上司があまりあいさつをしていないことに疑問を感じる新入社員。「見て覚える」のは伝統的な社員教育だが、お手本が悪いと伝染してしまう。

愛社精神【あいしゃせいしん】

自分が働いている会社を愛する気持ち。愛社精神が強いと高いモチベーションで働くことができ、仕事の成果も上がりやすい。一方、愛社精神が弱い状態ではモチベーションが高まらず、退職という言葉が頭の中をチラつき出すようになる。会社は新入社員の愛社精神を内定者懇談会や新人研修などで育み、既存社員の場合は社員旅行やレクリエーションで育みながら、全社一丸の態勢を築こうとする。いち会社員として、会社を愛し、その会社で働く自分に誇りをもつのは大切だが、愛社精神をもちすぎると、「会社に貢献するためならなんでもやる」といった危険な思考に飛躍しがちなので要注意だ。

あいみつ【あいみつ】

相見積もりの略語。ある仕事を依頼・発注した場合にいくらかかるのかを複数の会社に出してもらい、内容を比較すること。価格のちがいだけでなく、詳細なサービスやサポート内容、納期のちがいもわかるため、仕事相手を決めるうえで大切な行程となる。多くの場合、見積もりを求められる側は一銭にもならない作業をするうえに他社と比較されるわけだから、良い気分であるはずがない。

他社にも見積もりをお願いしていることをオープンにしつつ、値下げ競争をさせる目的をボカすなど、繊細な気配りが求められる。なお、カタカナで「アイミツ」と書くことも。

アウトソーシング
【あうとそーしんぐ】カ

業務を外部の会社へ委託すること。日本語では外注と呼ぶのが一般的だ。業務全般を、社内でやる仕事と社外に頼む仕事に分け、後者を外注することによって、社員を本来やるべき仕事に注力させられる。すべて自分でやらなきゃと考えると社畜になってしまうが、すべてアウトソーシングしてしまうのは単なる怠け者であり、いつしかその人自身が会社から用なしの烙印を押されてしまう。

アウトプット【あうとぷっと】カ

直訳すると出力だが、その意味は広範囲にわたる。読書で得た知識を誰かに話したり、SNSで発信したりするのもアウトプットなら、仕事をして何かしらの成果を出すこともアウトプット。そして、単にプリントアウトすることもアウトプットと呼ばれる。対義語のインプットも多くの意味をもち、読書で知識を得る、セミナーを受講する、取引先で情報を仕入れる、飲み会で先輩の話を聞くといった行動もインプットに含まれる。インプットしたら、必ず何かしらのアウトプットにつなげるのが社会人の基本。インプットしっぱなしでは、「あいつ、がんばっているように見えて、じつは仕事してないよね？」と評価される。

アカウント【あかうんと】カ

パソコンやスマートフォン、Webサービス、アプリなどにおいて、個人を識別するために取得するIDとパスワードのセットのこと。社畜はWeb会議サービスやチャットツール、社内SNS、社内データベースなどをすべてソツなく使いこなさなければならない。常に無数のアカウントを、けっして社外に流出させることなく管理することが求められる。

アグリー【あぐりー】カ

同意する、賛成するの意。「先方の同意を取り付けておいて」だと、どことなく物々しい雰囲気が漂うが、「先方のアグリーをもらっといて」となるとその物々しさが解消される。あえてカタカナ語にすることによって、語感を柔らかくする効果がある。外資系企業では当然のようにこの言葉が飛び交うが、純日本企業で「賛成」と言うべきところをアグリー、アグリーと多用すると、「なんだコイツ？」と冷めた目で見られてしまうので気をつけよう。

アゴアシ付き【あごあしつき】

アゴは食事、アシは交通手段を指す。つまりアゴアシ付きとは、食事も交通費も先方がもってくれるこ

と。これにマクラ（宿泊を指す語）を付けた、アゴアシマクラ付きという言葉もある。いずれも、先方による手厚い接待の意味が込められている。あまり先方の接待に甘え続けていると、ズブズブの関係になってしまい、ほかの人に引き継いだときに何かとボロが出る危険もある。

アサイン【あさいん】 カ

任命する、割り当てる、の意。「例のプロジェクトには山田さんをアサインしておきました」などと使われる。おもに上司が部下に仕事を割り当てるニュアンスで使われることが多い。「乾杯のあいさつには田中部長をアサインしておきました」と、目上の人に対して使うのは失礼に当たるので注意が必要だ。

朝活【あさかつ】

朝の時間に活動すること。とくに、早起きして出社までの時間をゆったりととり、ラジオ体操をしたり、読書をしたり、セミナーや情報交換会などに参加したり、軽く運動をしたりすることを指す。家と会社の往復で平日を終えてしまいがちな社畜にとって、朝活は心身を整えるのに重要な役割を果たす。

足【あし】

動物の胴から下へ分かれ出ており、身体を支えたり、歩行したりするのに使われる部分。さまざまな慣用句に登場するが、どちらかというとネガティブな慣用句が多い。

足を引っ張る：他人の前進や成功、ものごとの順調な進行を妨害すること。本来は「意図的に妨害すること」を「足を引っ張る」と表していたのだが、現在では、意図的であるか否かは関係なく、順調な進行を邪魔してしまう人はみな「足を引っ張る」と表現される。

足をすくわれる：スキを突かれて失敗すること。思いがけない失敗をすること。なお「足下をすくわれる」は厳密には誤用とされている。

揚げ足をとる：話の本質とは関係ない言いまちがいや言葉尻をとらえて相手を非難したり、からかったりすること。

足下を見る：他人が抱えている弱みにつけ込むこと。

アジェンダ【あじぇんだ】 カ

会議における議題のこと。また、会議の議題をまとめたもののこと。もともとはラテン語で「実行に移されるべき事柄」の意。会議前にアジェ

ンダを共有することによって「なんのための会議なんだろう……まあとりあえず参加しておけばいいか」というスタンスの参加者が減り、効率的に進めることができるようになる。

足元の悪いなか
【あしもとのわるいなか】言

天候の悪い日や、悪天候のあとで路面状況や交通状況が回復していないときや、相手に足を運んでもらった際に使う言葉。「本日はお足元の悪いなか、ご足労いただきましてありがとうございます」は、悪天候時に来訪してくれた相手に感謝を示す決まり文句なので覚えておきたい。ただし日常会話で使うと「コイツ社畜だな」とバレる。ちなみに、講談社を創業した野間清治は、「雨の日、風の日、訪問日和」という言葉を残している。人気作家の心をつかむには、ライバル編集者がやってこない悪天候の日が狙い目というわけだ。

アジャイル【あじゃいる】カ

すばやい、俊敏な、頭の回転が速い、の意。とくにプロジェクトマネジメントやソフトウェア開発において、計画→設計→実装→テストのサイクルをすばやく回転させる手法を指す。これにより、顧客の希望に沿っ

た、精度の高い製品・サービスを生み出すことができる。細かくフィードバックをもらいながら精度を高めていくアジャイルの考え方は、普段の仕事にも生きる。まわりの意見を聞きながらその都度軌道修正していけば、社畜化した働き方に陥りづらくなる。

預かり【あずかり】

一時的に、その場に所在を留めておくこと。人間にも案件にも書類にも、広く使われる言葉だ。たとえば「○○さんは人事部預かり」といえば、○○さんの配属部署がまだ決まっておらず、とりあえず今は人事部に所属していることを指す。また「あの案件は○○さん預かり」といえば、○○さんの検討段階で止まっていることを指す。そして「この退

人事部

職願は、ひとまずオレが預かっておこう」と言われたらそれは、まだ退職願は会社に出さずに上司の机の中に留めておくから、そのあいだに考え直せというメッセージだ。社畜はよく預かりがちであるが、なかには預かったままそれを忘れてしまう人もいる。

明日やろうは馬鹿野郎
【あすやろうはばかやろう】言

今やるべき事柄を明日以降に先延ばししようとする姿勢を戒める言葉。語感はキツく、上司から「明日やろうは馬鹿野郎だ」と言われたらグサッとくるかもしれないが、単に「やろう」と「野郎」をかけた語呂合わせなので、必要以上に気にする必要はない。明日やればいいことまで今日やっちゃう社畜にとっては無縁な言葉である。

遊び【あそび】

意図的に設けられた隙間や緩みのこと。鉄道のレールとレールの継ぎ目に設けられている隙間は、夏の暑さで膨張したり、冬の寒さで縮んだりすることで生じる破断を防いでいる。車のブレーキを踏んだときに反応しない部分を指すことも。もともとは工学で使われていた言葉だが、

ビジネスの世界でも浸透しており、あまりにきまじめで四角四面な言葉遣いや態度をとると「会話に遊びがないなー」なんて言われたりする。

アチーブメント
【あちーぶめんと】カ

達成、業績、偉業の意。ビジネスの場でも同じく、努力して何かを達成したり、目標に到達したりする意味で使われる。なんとなく運が良かっただけで得た成果はアチーブメントとは呼ばない。確固たる目標を掲げ、確実な努力を積んだ末に得た成果をアチーブメントと呼ぶ。もちろん、猛然と努力を積み重ねているのに、一向に成果に結びつかない場合も、アチーブメントとは呼ばない。

安土敏【あづちさとし】人

小説家、実業家、経営コンサルタント。本名は荒井伸也。「社畜」の生みの親とされる。1960年に東京大学法学部を卒業後、住友商事へ入社。70年、サミットストア（のちのサミット）へ出向すると、トントン拍子に出世し、88年に同社副社長就任。このころ、新聞記者と雑談しているときに偶然生まれたのが「社畜」という言葉だったという。安土氏自身、住友商事時代は仕事をおもしろいと

思えず、精神的に追い込まれて円形脱毛症になったという。しかしサミットストアへ出向後は社長、会長へと昇進し、小説家としてデビュー。その小説が故・伊丹十三監督作品の原案になるなど、自由な働き方を謳歌している。社畜という語の生みの親でありながら、脱・社畜を体現した人物といえよう。

アットホーム【あっとほーむ】カ

まるで自分の家にいるかのようにくつろげる様子。ただし、こと求人広告における「アットホームな職場です」は、けっして「まるで自分の家にいるかのようにくつろげる職場」という意味ではない。どちらかというとその裏には、「会社が家であるかのように長時間働いてね。社員はみんな家族みたいに仲がいいから大丈夫」とか「休日にも家族みたいに連絡しちゃうけどいいよね」といったメッセージが隠されている。求人広告における「アットホームさアピール」は、むしろ社畜だらけのブラック企業のシグナルだと認識しておいたほうがいい。

アテンド【あてんど】カ

同行、付き添い、接待の意。「来週、部長の出張にアテンドしてくれない

か？」と頼まれたら、それは部長の出張に同行し、つつがなく補佐をしてくれと頼まれたということ。また、「A社の重役が来社されるから、夜、アテンドよろしく」と頼まれたら、それは「接待よろしくね」と頼まれたことを意味する。相手への絶え間ない気配りが求められるアテンドには、社会人としての生き方の基本がつまっている。アテンドのスキルは磨いておいて損はない。ただし、社内アテンドが多いのは社畜である。

後出しジャンケン
【あとだしじゃんけん】

相手の手を見てからこちらの手を出すのは、ジャンケンにおいてとても卑怯な手。転じてビジネスでは、相手の意見を聞いてから「そう思ってたんですよー」とこちらの意見を合

わせたり、結果が出てから「こうなると思ってたんだよー」と結果論をグチグチ言い出したりする行為を揶揄するときに使われる。後出しジャンケンをする人間は、社外でも社内でも嫌われる。つまり後出しジャンケンの逆をし続ければ、社外でも社内でも好かれるということだ。

後付け【あとづけ】

おたがいに納期や料金、仕事内容などについて合意したあとで、「あれもお願い」「これもお願い」と仕事を追加することを指す。本当に言い忘れていただけ、伝え忘れていただけならかわいいものだが、「今伝えると料金が高くなって予算オーバーしそうだから、条件を合意したあとで伝えよう」「納期の面でブーブー言われそうだから、条件を合意したあとで伝えよう」と考えての意図的な後付けは全然かわいくない。「予算はこれだけ、納期はここまで、これはずらせないのですが、なんとかこれだけの仕事をやってください！」と、真正面からお願いするほうが、仕事はよっぽどスムーズに進む。

あのころは良かった
【あのころはよかった】🈂

世の中の景気が良かったころ、会社

の業績が良かったころ、自分が輝いていたころを懐かしむ言葉。上司がよく使う。同義語として「昔は良かった」がある。時代は変わるものであり、良かったあのころからの変化を嘆いたところで現状が良くなるわけではない。そんなことはわかっているが、懐かしまずにはいられない。そこはかとない哀愁を醸し出すのが「あのころは良かった」だ。年配社員が「あのころ」を語りはじめたら、老害と蔑むのをちょっとだけ待って、どれどれ話を聞いてやるかと少しだけ耳を傾けるくらいの心の余裕をもちたい。

アポなし【あぽなし】

アポイントメント（予約）がない状態のこと。アポなし訪問といえば、相手と会う約束のない状態でいきな

り相手の元を訪れることを指す。アポなし訪問は、ビジネスのマナーとしては非礼な行為とされている。「たまたま近くに用事がありましたもので……」の決めゼリフを武器に顔を出すと、思わぬ収穫を得られることもあるから、アポなしもあながち捨てたものではない。ただし馬鹿のひとつ覚えで「たまたま近くに用事がありましたもので……」を多用すると、先方にわずらわしく思われて出入り禁止となってしまうおそれがあるから注意が必要だ。

天海祐希【あまみゆうき】⑦

宝塚歌劇団出身の女優。「理想の上司」ランキングではつねに上位にランクインしている。1987年に宝塚歌劇団へ入団し、初舞台から7年目の93年、25歳の若さで月組トップスターに。類いまれなる表現力を武器に男役として名を馳せた。退団後はテレビドラマで主役を張るようになり、現在までに弁護士、警察官、教師など、キリッとしていていざというときに頼りになる役を数多く演じている。「理想の上司」のイメージもドラマでの役柄が大きく影響しているようで、「凜としていていつもかっこいい」「きちんと叱ってくれそう」と、とくに女性からの支持が大きい。

アンテナを張る
【あんてなをはる】🗣

新しい情報や、周囲の動向に気を配ること。「アンテナを立てる」とも言う。職種によって、「張っておくように」と求められるアンテナはそれぞれ。SNSのトレンドを押さえておいたほうがいい場合もあれば、特定の他社の新商品の動きを事細かに追うことを求められる場合もある。単なる情報通で終わってしまわないよう、どこにアンテナを張るかは的を絞りたい。なお、社内の人事などにアンテナを張ることもときには必要である。

あんばい【あんばい】

ものごとの具合、様子、さじ加減のこと。「いいあんばいに仕上げておいて」と言われたら、それは「いい感じに仕上げておいて」くらいの意味ととらえておけば問題ない。しかし社畜の多くは、あんばいがわからない。くれぐれも「いいあんばいって、どれくらいのあんばいですか？」と聞き返すことのないように。融通の利かないヤツだと思われてしまう。ちなみに、漢字では塩梅と書く。もともとは、料理の味を調える塩と梅酢を表す「塩梅（えんばい）」という語だったのだが、いつしか、ものを具合よ

く並べる意味の「按排」と混ざり、現在のような使われ方となった。

いい意味で【いいいみで】言

ちょっと批判的に聞こえる言葉を、「なんとなくプラスっぽいかも」と思わせるニュアンスに変える魔法のフレーズ。「このプレゼン資料、華がなくない？　いい意味で」といったように、おもにトゲのある表現のフォローとして使われる。ただ、その用途があまりにも浸透しているために結局はほめ言葉にはならず、言われた側は少し傷つく。

いい会社【いいかいしゃ】

悪い会社をブラック企業と定義するならば、いい会社はもちろん、ホワイト企業を指す。残業時間が少ない、離職率が低い、年収（基本給）が高い、女性の管理職が多い、有給を取りやすい……など、とにかくブラック企業の逆をいくのがホワイト企業であり、いい会社だ。ブラック企業がはびこる日本。ひとたびいい会社に入社することができたならもう天国、あとは一生この会社に忠誠を尽くすだけ……と考える気持ちもわかるが、それはもしかしたら、社畜への第一歩なのかもしれない。

イエスマン【いえすまん】人 カ

上司に媚びへつらい、その言動が正しかろうがまちがっていようが「イエス」と肯定することしかできない人。「はい」「そうですね」「おっしゃるとおり」「さすが」「私もそう思っていたんですよ」が口グセ。ただ部下に対しては一転、「えー？」「それはどうなの？」「しかしね」と否定から入りがち。いわゆるデキる上司、カリスマ社長には必ず一定数のイエスマンがいる。

異業種交流会
【いぎょうしゅこうりゅうかい】行

幹事が同年代のビジネスパーソンを集め、ほかの業界で働く者どうしが情報交換をして親睦を深めるべく集まる場。幹事は男性ひとり、女性ひ

とりである場合が一般的で、男女同数が集まって酒の席で歓談を楽しむ。要するに合コンのことである。平日のほとんどが家と会社の往復で終わってしまいがちな独身の社畜にとって、異業種交流会は貴重な出会いの場。また、社畜どうしでグチを言うなど、おたがいの傷をなめ合う場として設けられる場合もある。

育児休暇【いくじきゅうか】制

子を養育する義務のある労働者が、法律に基づいて取得できる休業のこと。通称：育休。2022年、東京都は育児休暇の愛称を、「育業」とすることを発表し、今後は育業の名も広まっていくと見られている。社会全体を見れば、男性の育休取得も増えてきているが、そもそも有給の使用を打診することもままならない社畜にとっては「育休を取らせてください」と訴えるのは高すぎるハードルだった。法律で定められてはいるが、実際のところは取れる会社、取りにくい会社に差がある。

池上彰【いけがみあきら】人

ジャーナリスト。1950年生まれ。慶應義塾大学経済学部を卒業後、NHKに入局し、記者として活躍する。94年から2005年にかけて、「週刊こどもニュース」にお父さん役として出演し、ニュースをわかりやすく解説する優しいキャラクターで人気を博した。フリーに転身後も、教養バラエティ番組や選挙特番でその存在感を遺憾なく発揮している。決めゼリフの「いい質問ですね！」をまねするウザい上司・先輩はあとを絶たない。

イケハヤ【いけはや】人

プロブロガー、著述家のイケダハヤト氏のこと。1986年、神奈川県生まれ。日本人の大多数が選ぶ会社員という働き方に早くから懐疑的な見方を示し、オンラインサロン「脱社畜サロン」を主宰していた。刺激的な発言でビジネスパーソンをあおり、しばしば炎上する。2014年からは高知県に移住し、事業を展開している。

勇み足【いさみあし】相

相撲において、相手を土俵際まで追いつめながら、勢い余って自分の足を先に土俵の外に踏み出してしまって負けること。転じてビジネスでは、調子に乗って油断をしたり、先走って余計なことをしたりして失敗するさまを表す。業務に邁進するのはいいが、相手との距離感や仕事の進め方にも細心の注意を払わなければな

らない。勇み足に限らず、ビジネスの世界では相撲に関するたとえが登場することがとても多い。

石和温泉【いさわおんせん】行

山梨県笛吹市にある温泉街。一昔前まで社員旅行のメッカとして人気で、代名詞的存在であった。1956年にはじめて温泉が掘り当てられて以降、次々に温泉が発掘され、戦後の高度経済成長の波に乗って栄えた。比較的新しい温泉街であるため、都心からの交通アクセスが良好。歓楽街・風俗街も近隣につくられたことから、社畜の慰労にぴったりで、大型バスで乗りつける会社も多かった。

意識高い系
【いしきたかいけい】人

向上心が高く、自信満々で、自分に

はとてつもない潜在能力が備わっており、やがて必ず開花するはずだと信じている人間のこと。2000年代半ばから後半にかけて「会社に頼るな、ぶら下がるな、自分を磨こう」といった風潮が高まり、TwitterやFacebookといったSNSが広まったことで「いかに自分磨きをしているか」を発信する若者が続出。いつしか意識高い系は、自己アピールに躍起だが中身がともなっていない人間を指す言葉となった。

椅子取りゲーム【いすとりげーむ】

子どもの遊びのひとつ。参加者は音楽に合わせて椅子のまわりをぐるぐると回り、音楽が止まった瞬間に急いで椅子に座る。椅子の数は参加者の数よりも少ないため、椅子に座れない参加者がひとり出ることになり、その参加者は脱落となる。転じてビジネスの世界では、限られた数のポストを多くの一般社員が争うさまを表す。ビジネスの椅子取りゲームは音楽が止まった瞬間に始まるわけではなく、24時間365日、つねに椅子を奪うための駆け引きが行われている。ただし、この勝負に参加すると社畜化していく。社畜はなんとか自分の椅子をものにしようと、今日も社内政治や自己アピールに躍起になっているのだ。

板挟み【いたばさみ】

ある事柄について、両立し得ない二者のあいだに立ち、どちらにつくこともできずに苦しむこと。理想と現実。義理と人情。正確性とスピード。品質の高さと予算。役員・管理職と現場……。ビジネスパーソンは、つねに何かしらの板挟みに立たされる。主張を通せば格好良いが、たいていは長いものに巻かれる。また、理不尽な取引先と、理不尽な上司に挟まれることもある。

一億総活躍
【いちおくそうかつやく】

2015年9月、ときの内閣総理大臣・安倍晋三が記者会見で発した、「『一億総活躍社会』を目指す」という宣言を発端とする大々的なプランのこと。少子高齢化を食い止め、50年後も人口1億人を保ち、家庭や職場、地域で国民一人ひとりが活躍できる社会を目指す。しかしながら現在も、待機児童や介護難民、生活に困窮する非正規労働者などの問題が解消するメドは立っていない。一方で「みんな働け、社畜化しろ」という国からのメッセージにもとれるのはいかがなものか、という疑問も依然として残り続けている。

一存【いちぞん】

自分ひとりだけの考えのこと。「私の一存では決められません」は、相手から何かを要求されたときの逃げの言葉としてよく重宝される。否定表現で使われることがほとんどであり、不思議と「ここは私の一存でゴーサインを出します」といった使い方はされない。

一生に一度のお願い
【いっしょうにいちどのおねがい】🈁

同僚に大きなお願いごとをするときの常套句。簡単に「一生に一度」とか「命を賭ける」と言う人ほど信用できないものはない。現実には「月に一度」くらいの頻度でこのフレーズを聞く。目上の人に使うとたいてい甘えているとみなされるが「一世一代の」と、仰々しく言えば聞いてくれるかもしれない。

言った言わない
【いったいわない】🈁

口頭で約束を交わした、交わしていないで揉める事象のこと。多くの場合、後ろに「の問題」をともない、「言った言わないの問題」として会話に登場する。対面や電話で仕事のやりとりをしていた時代のトラブル

で、水かけ論の発端となる。争点は契約、予算、納期、バックアップ体制などセンシティブなものが多い。だからといって、なんでもかんでも書面で約束を取り付けようとするのは野暮の極み。ここぞというときのみ、「言った言わないの問題になってもアレですから」と相手を牽制し、納得させてからやりとりを書面かメールに残すのがスマートだ。

一丁目一番地
【いっちょうめいちばんち】言

最重要事項、あるいは最優先課題のこと。もともとは政治用語で、昭和の政治家がみずからの主要な政策を訴えるときに使った。偉い人が「わが社の一丁目一番地は〜」と話しはじめたときは、「ここがわが社の最優先課題です」の意であり、所在地の話ではない。

いってこい【いってこい】言

なんらかのプラスとなんらかのマイナスが相殺され、トータルとしてはほとんど成果が出ていないこと。「思ったほどよい結果が出なかった」のニュアンスで使うこともあれば、「失敗したが損害はそれほどでもなかった」というニュアンスで使う場合もある。この言葉がよく使われる

会社は停滞していることが多く、いろいろあったが結果的にはプラマイゼロに落ち着いたことを意味するケースばかり。本質的に、人や金を動かして大して儲からないのは会社にとってはよいことではない。

一本【いっぽん】

① 狙いをひとつに絞ること。「営業一本で生きていきます！」などと使う。

② 区切りのいい、かつ景気のいい金額のこと。明確な基準はないが、ボーナスならば100万円、年収ならば1000万円、契約ならば1億円が基本的なラインとなる。「お前、ボーナス一本いった？」とコソコソと語り合うときと、「契約で一本取ってきましたぁ！」と報告するときの一本では金額がまるでちがうので気を

つけたい。なお、特別ボーナスが出たときの「一本」は10万円だが、会社によっては１万円と定義しているところもある。

稲盛和夫【いなもりかずお】人

実業家。京セラ、第二電電（現・KDDI）の創業者。政府の要請を受け、日本航空（JAL）を再建した過去もある。京セラには、いまも稲盛の実体験や経験則から導き出された経営哲学「京セラフィロソフィ」が根付いている。経営者には人気だが、退職した従業員からは、「京セラフィロソフィは会社への滅私奉公を求める社畜養成哲学」との声も出ており、働く者にとっては微妙な評価となっている。2022年に死去すると、直後に著作が改めてヒットし、業績が注目された。

イニシアチブ【いにしあちぶ】カ

主導権のこと。打ち合わせや会議などで「こちらが主導権を握る」「あちらに主導権を渡すな」という言葉を使うと物々しくなってしまうが、「こちらがイニシアチブを取って進めていきましょう」となるとスマートになる。ビジネスにおいては、言い出しっぺがイニシアチブを取ることが多く、うっかりアイデアを出し

たりすると強制的に責任者とされることがある。また、ダメな会社は、単に声が大きいだけの人がイニシアチブを取り、よく混乱を招く。

いのちの電話【いのちのでんわ】

誰にも話せない悩みごとを抱え、生きていくことに悲観的になってしまった人を救うべく整備された相談機関。全国の「日本いのちの電話連盟」加盟センターは50センターを数え、約6000人の相談員が活動している（2020年現在）。一生懸命働いている人ほど、何かが起きたときに弱みを見せまいとしてまわりの人に相談できず、抱え込んでしまうもの。もしも追いつめられたときには、いのちの電話に相談してみてほしい。

イノベーション
【いのべーしょん】カ

世の中に大きなインパクトを与える革新的なもののこと。たとえば、馬車がもっとも速い移動手段であった18世紀、自動車が登場したことによって世の中は一変した。これがイノベーションだ。ただし、ビジネスの世界ではそこまで大きな変革を指すことは少なく、ちょっとした工夫や改良程度のニュアンスで使われがちだ。

今どきの若者は

【いまどきのわかものは】言

年長者が若者に苦言を呈するときの枕詞。後ろには「礼儀がなってない」「仕事への熱意が足りない」「夢がない」「おもしろくない」「気遣いがない」「酒を飲まない」「つきあいが悪い」などが続く。古代エジプトのピラミッド遺跡の壁画にも「今どきの若者は」と嘆く象形文字があるという。そもそも言っている本人も、かつては「今どきの若者」であった。

色をつける【いろをつける】

仕事の報酬について、事前に通常の金額よりもいくらか上乗せして支払うこと。無理を聞いてもらった場合の謝罪や感謝、相手にお祝いごとがあった場合の祝儀の意味合いなどを込めることが多い。事前に水面下で「前回は相当な無理を聞いたんですから、今回はちょっと色をつけてくださいよー」といった交渉がなされることもある。

岩瀬大輔【いわせだいすけ】人

元ライフネット生命保険取締役会長。1976年、埼玉県生まれ。『入社1年目の教科書』（ダイヤモンド社）は発行50万部を超えるロングセラーでありながら、「宴会芸は死ぬ気でやれ」「目上の人を尊敬せよ」など社畜まっしぐらともとれる見出しも多く、刺激的な内容となっている。

印鑑【いんかん】物

紙や書類に押印した際に写し出される名前や絵のこと。印影ともいう。2020年に巻き起こったコロナショックにより、リモートワークの波が一気に広がったが、その大きな妨げとなったのが印鑑とはんこ。緊急事態宣言が出てステイホームが叫ばれるなか、ただはんこを押すためだけに出社する人たちがテレビで取り上げられ、議論を呼んだ。これを受けて行政や大企業では、脱印鑑、脱はんこの取り組みが進められることになった。カーボンニュートラルの動きとも相性がよさそうな脱印鑑、脱

はんこ。仕事のムダ解消＆二酸化炭素排出量削減の起爆剤となるか。ちなみに、もしも切り口に会社名や自身の名字が彫り込まれている円形、楕円形、角型の短棒を思い浮かべたのなら、それは正確には印鑑ではなく、はんこだ。

インセンティブ
【いんせんてぃぶ】カ

がんばって目標を達成したり、大きな成果を得たりしたときのご褒美のこと。逆にいえば、インセンティブを得るために人はよりがんばろうとするわけで、馬の鼻先にぶらさげられたニンジンのイメージだ。インセンティブに目を奪われ、「よーし、やるぞ」と猛進するだけでは社畜一直線なので要注意。

インターンシップ
【いんたーんしっぷ】カ

就職活動をしている学生が、就職を希望する企業や興味のある企業などで実際に働く体験をすること。実際の業務や就労環境を目の当たりにすることで、会社の業務内容や、社会人として働くことへの理解を深めることができる。しかしインターンシップを経て就職した人からは「インターンシップこそが社畜への第一歩だった」「インターンシップは職業体験ではなく、社畜体験」との声も……⁉　また、給料が出ない会社があることにも注意したい。

インフルエンサー
【いんふるえんさー】人 カ

発言や行動が世の中に大きな影響を与える人物のこと。おもにブログ、Twitter、Instagram、YouTube などのSNSでフォロワーや登録者を多く持つ人物を指し、インフルエンサーが良いと言ったものが売れ、悪いと言ったものが叩かれるといった結果が顕著に出る。インフルエンサーを広告媒体とみなし、自社の商品を宣伝してもらうインフルエンサー・マーケティング（SNSマーケティング）という手法もすでに一般的になりつつある。インフルエン

サーの多くは事務所に属しておらず、個人。広報活動を依頼している側（企業）がインフルエンサーの発言や行動を管理することはできず、インフルエンサーの不適切な言動によって、かえってマイナスイメージをこうむってしまうケースもある。インフルエンサーの多くは、会社員という就労形態に向かないか懐疑的な立場で、「社畜になるな」「会社から脱出しろ」というメッセージを送っている。しかしそのようなメッセージを鵜呑みにしてインフルエンサーを盲信し、言われるがままに会社を飛び出すのも、それはそれでインフルエンサー畜ではないのか？　葛藤は尽きない。

Win-Win【うぃんうぃん】カ

両者がおたがいにうれしくなるような状態のこと。ウチの会社が良い商品をつくれば、問屋や小売店からの注文が殺到してウチはうれしいし、商品がバカ売れして問屋や小売店はうれしいし、良い商品が手に入って消費者はうれしい……というような状況がWin-Winの例のひとつだが、こんなことはめったにない。また、会話のなかで何かにつけてWin-Winを連発すると、なぜかうさんくさく聞こえてしまう。

上【うえ】

上司や上層部のこと。おもに社外の人に対して使う。「ちょっと上に確認してみますね」「上がごあいさつしたいと申し上げているので、もう少しお時間いただけますか？」「私は問題ないのですが、上がなんというか、ちょっと読めないんですよね……」など、「自分も組織の一員であり、独断では行動できない」旨を相手にアピールしたいときによく使われる。ちなみにこれが「上様」となると、領収書を出したりもらったりするときに宛名の代わりに書く言葉となり、意味がガラッと変わる。

wage slavery
【うえっじすれいぶりー】カ

賃金奴隷制というシステムのこと。資本主義社会において、奴隷のように労働者を働かせるやり方を表現している。つまり、社畜化と同義である。19世紀にプロイセンの哲学者、経済学者であるカール・マルクスによって定義づけられた。マルクスは「労働者は労働力の売り先を自由に選べる、つまり買い手となる資本家を自由に選ぶことはできるが、結局はどの資本家に仕えるかの選択でしかない。労働者はどこまでいっても資本家につなぎとめられているのだ」

とし、この束縛を「賃金奴隷制」と呼んだ。社畜の概念は、19世紀にすでに生まれていたのだ。

打たれ強さ【うたれづよさ】

少々叱られたり、失敗したりするくらいではへこたれない能力。仕事には予期せぬトラブルや理不尽なクレームがつきものであり、打たれ強さは社会人として生きていくには非常に重要なスキルとなる。単なる我慢強さや耐久力ではなく、向上心をもってチャレンジすることが前提のメンタル力であり、使い方には注意が必要。

打ち合わせ【うちあわせ】行

本番の前にあらかじめ相談すること。人数によらないところがポイントで、たとえ3人でも会議は会議であり、会議の前に何かしらの相談をする場合は5人集まっても打ち合わせである。ただ社内において「ちょっと打ち合わせしよう」と呼び出されたとき、その意味は多岐にわたり、「たばこ行こうぜ」「コーヒーでも飲んで一息つこうぜ」の場合もあれば、別室でのマンツーマンでの説教の場合もある。どんな打ち合わせなのかを瞬時に、敏感に嗅ぎ分けることが、会社人生を安定的に長く過ごすための大切な要素だ。

うつ【うつ】

気分障害のひとつ。やる気が出ない、一日中気分が落ち込む、何をしても楽しくないといった精神的症状と、食欲がない、眠れない、すぐ疲れる、動けないといった身体的症状があわせて現れる。発症の原因は不明であることも多い。精神的、あるいは身体的ストレスが原因との見方もあるが、産後うつやマリッジブルーなど、一般的には幸せに見える事柄の前後にもうつ症状が現れることがあり、「あんなに幸せそうなんだからうつになるはずがない」と見るのはかえって危険である。かといって、がんばって仕事をしていた人が急にうつを発症する場合も少なくない。無理は禁物だ。

うっちゃる【うっちゃる】相

相撲の決まり手のひとつ。土俵際まで追いつめられた力士が、身体をひねって相手力士を土俵の外へ投げる大技のこと。つまり、うっちゃるとは大逆転を意味する。ビジネスの世界でうっちゃりを決めた者は、ピンチに強い頼れるヤツとして重宝される。なお、大胆に放置することを意味する場合もある。

打てば響く【うてばひびく】

刺激を与えたらすぐに反応して成果を出すことを表す慣用句。鐘や太鼓のような打楽器は演奏するときに大した技術もいらず、叩くだけですぐに美しい音色が出ることに由来する。ビジネスにおいては、上司や先輩が、飲み込みが早く成長を期待する若手をほめるときに使う。若手どうしが上司や先輩を評するときに使われることもある。

うまいもんでも食って帰んな
【うまいもんでもくってかえんな】言

外出先で、上司から「今日の仕事はこれでお開き。帰っていいぞ」の意味でかけられる言葉。頭に「これで」がつき、「これでうまいもんでも食って帰んな」となる場合は、ポケット

マネーが支給される。古くから受け継がれている、上司と部下の絆が深まる温かいやりとりだが、最近はこのような声をかける上司がいなくなったとの意見もちらほら聞かれる。

裏どり【うらどり】

たしかな公式情報に当たったり、複数の資料を照らし合わせたりして、情報の真偽を確認すること。「裏をとったか?」は厳しい上司の口癖であるとともに、刑事ドラマでもよく聞くセリフである。社会人として経験の浅い人はよく、プレゼン資料や企画書の根拠となる文言をネット上の文言のコピペですませがちで、「裏をとったか?」のカウンターを食らってあえなく撃沈することになる。裏どりは地味だが重要な業務だ。

えいや【えいや】言

気合いを表すかけ声。「えいやでなんとかやっつける」などと使う。難しそうな交渉や、膨大な業務を前にして、上司が部下を鼓舞するために使われる。勝ち目は薄いが、やるしかない。がんばればなんとかなるかもしれない。こうした大いなる希望的観測が、えいやには込められている。うまく使えるようになると、社畜としては一歩前進だ。

ASAP【えーえすえーぴー】カ

as soon as possible の略で、可能な限り早く、の意。「とにかく早くやって」と依頼すると角が立つが、それでもできるだけ早くやってほしい。そんなときには「ASAPで」と頼んでみよう。不思議とすんなりことが進む。なお、ASAPを会話で使うときは、「アサップ」「エイサップ」と発音されることが多い。ちなみに、よく似た語であるVSOPはブランデーのランクを表す言葉であり、「Very（非常に）、Superior（優良な）、Old（古い）、Pale（透き通った）」の略である。もちろんASAPとは関係ない。また、「A.S.A.P.」も同じas soon as possibleを略で、1990年代に活躍したアメリカ出身の女性コーラスグループを指す。

エクスキューズ
【えくすきゅーず】カ

言い訳の意。「先に言い訳させてほしいのですが」と申し出ると確実に相手の反感を買うが、それでも言い訳をしたい。そのようなときに使う。カタカナにすることで、ただの言い訳なのにもっともらしいものに昇華させることができる。現代の社畜がよく使いがちな語である。

エクストリーム出社
【えくすとりーむしゅっしゃ】

早朝に起きて、登山や海水浴、キャンプ、旅行、豪華グルメめぐりといった、普通は休日にやるようなレジャーをこなしたのち、平然と定時に出社する活動のこと。天谷窓大氏と椎名隆彦氏によって考案された、

れっきとしたスポーツである。ルールは遅刻をしたら失格、の1点のみ。ただしほかにも、仕事に支障をきたして他人に迷惑をかけてはいけない、エクストリーム出社中にケガをしてはならないなどの注意事項がある。天谷氏は、ストレスから出社拒否になりかけたところ、出社までの時間つぶしに街をうろついていたらそれが楽しくて習慣になったと語っている。現実逃避はイノベーションの立派なきっかけになり得るということだ。

エクストリーム通勤
【えくすとりーむつうきん】

平均的な人間の1日の歩行時間を大幅に超える通勤時間を要する超長距離通勤のこと。全世界的に「自宅から勤務先まで毎日片道90分以上かかる場合」がこれに当たると定義されている。前述の「エクストリーム出社」とは一切関係のない語である。

Excel化【えくせるか】 ソ

PDFファイルにある表をExcelに読み込み、編集やアレンジを加えやすくすること。単純で簡単な作業だが、それゆえになんのおもしろみもないため、意外とミスが起こりやすい。社畜の上司や先輩がやらせたが

る傾向にある。「Excel化しておいて」は単なる雑用。一生懸命にやる仕事ではない。前向きに引き受けているようでは、社畜になってしまうのではないかとかえって心配になる。ただし、Excelの能力をアピールするために引き受けるのはアリだ。

依怙贔屓【えこひいき】

ある特定の人物にだけ目をかけ、不公平なほどに厚遇すること。突出した学歴やビジュアルをもっていたり、会社の偉い人の血縁者だったりする新入社員に対しては、とくに起こりやすい。

SNS【えすえぬえす】 カ

Social networking service（ソーシャル・ネットワーキング・サービス）を略した言葉。代表的なものとしてTwitter、Facebook、Instagram、YouTube、LINEなどが挙げられる。勤務中、会社のパソコンでSNSにいそしんでいると当然のことながら叱られる。また、社内の人と安易につながらないことも重要で、SNS上で上司が絡んでくるようになると仕事なのかプライベートなのかよくわからなくなり、結果としてプライベートも会社に支配される社畜となってしまう。

エスカレーター式
【えすかれーたーしき】

一貫校において、入学試験を行わず上級学校へ進学できることを指すときに使う場合が多い言葉だが、会社においては、明らかに優秀で上層部からの評判がよい人物に対して「あいつはエスカレーター式に出世していくよ」などと使われる。うらやましい限りだ。また、強い血縁関係やコネにより入社した人がトントン拍子に出世していくさまを言う場合もある。

SDGs【えすでぃーじーず】カ

Sustainable Development Goals（持続可能な開発目標）のこと。「多様性を認めようということでしょ？」「環境に配慮しましょうという意味でしょ？」というようにふわっとわかったような気になりがちだが実際はちがい、17もの多岐にわたる目標から構成されている。2020年ごろ、SDGsが何かもわからないままにいろいろな会社が導入しようとして、混乱した。また、SDGsの認知度は全年代のなかで、10代がもっとも高い。今後社会に出る世代にとっては常識なので、「俺はよくわからない」などといつまでも言っていては「老害」と揶揄されるだろう。

エナジードリンク
【えなじーどりんく】物 カ

肉体疲労時の栄養補給を目的として飲む、いわゆる栄養ドリンクのこと。長時間強いストレスにさらされる会社員には必須のアイテムとなる。ただし過剰に摂取すると、心拍数の増加、不整脈、嘔吐といった悪影響が出るという報告もある。エナジードリンクの空き缶をよく見かける職場は危険かも……。

NR【えぬあーる】カ

No Return（ノー・リターン）。つまり直帰のこと。ホワイトボードに書く際に使われる表現。直帰はまさに、出先で用事をすませたら会社には戻らず家に帰ります、の意であり、堂々とは書きづらい。「えっ、あい

つ直帰なの？　勤務時間内に会社に帰ってこられるでしょ」と、いらぬ詮索をされるおそれがあるからだ。しかしNRと記しておけば、「ああNRね」と軽く受け流してもらえる。打ち合わせに出向き、相手方とそのまま飲みにいく場合でも「打ち合わせNR」と書けるので便利な言葉だ。ここまででお気づきのとおり、社会人は日本語では直球すぎること、生々しすぎること、物々しすぎることをカタカナ語に言い換える習性がある。

エビデンス【えびでんす】カ

根拠、証拠の意。もともとは医療や学術の世界で使われていた言葉だが、今ではビジネスの世界でも広く使われるようになった。ニュアンスとしては既出「裏どり」と同義であり、まとめて覚えておくとよい。ただ、エビデンスばかり求められる職場では、新しいアイデアがとおりづらい傾向にある。

MTG【えむてぃーじー】行カ

Meeting（ミーティング）の略。基本的には既出「打ち合わせ」と同義であるが、ホワイトボードや手帳に書き込む場合には、5文字の打ち合わせより3文字のMTGのほうがコ

ンパクトに収まるため、多用される。ただ、その内容としては、やはり打ち合わせと同じである。

MBA【えむびーえー】カ

Master of Business Administrationの略。日本語では経営学修士と呼ばれる。企業経営に役立つ実践的な戦略、マネジメントなどを学問として修得したことを認証するものである。基本的には、約2年のあいだにマーケティング、財務、会計など数十単位の修了が義務づけられ、ハードルは高い。取得すると世界レベルでの人脈と信頼が手に入りやすくなり、通称ビジネスエリートのパスポートともいわれる。社畜を脱するため、勤務時間外にMBAスクールに通う会社員は多い。ただしコンサルティング会社では、MBAを取得したことによって社畜へと一歩近づくため、ややこしい。

縁故採用【えんこさいよう】

会社の上層部や、重要な取引先、今後懇意にしたい組織と縁のある新入社員を採用すること。コネ入社とも呼ばれる。会社側とすれば、選考辞退や早期退職のリスクが低い新入社員が入ってきて、かつ重要な取引先や今後懇意にしたい組織とも円滑な

関係を築くことができるわけで、メリットは大きい。一方で、縁故採用された新入社員が依怙贔屓され、まわりの社員が不公平感をもつデメリットもある。ただ縁故採用された新入社員は基本的に、一生その会社に勤め、社畜として生きることを多方面から求められる。そのプレッシャーを考慮すると、大目に見てあげたい気にもなってくる。仲良くしておくと、のちに良いことがあるかもしれない。

炎上【えんじょう】

燃え上がること。転じて、インターネット上に投稿した記事やコメントが物議を醸し、コメント欄に誹謗中傷を含む批判的なコメントが殺到して、収拾がつかなくなるさまを指す。かつては炎上を起こしてしまうのは

個人アカウントがおもだったが、SNSが普及するにつれ、企業のSNS担当（おもにTwitter担当）や社長による炎上案件が目に見えて増えてきた。会社のもつ影響力によるフォロワー数を、自分のツイートがおもしろいがために抱えているフォロワー数だと勘ちがいし、自己顕示欲が暴走して個人的意見をツイートしてしまうことにほとんどの原因がある。ただ、あえて炎上させることで知名度を得る"炎上商法"も存在する。近年では炎上したあとに誠意を見せると、炎上前より高感度が上がることも増えた。そのためハイリスクハイリターンのビジネス戦略として"炎上商法"は使われる。

円満退社【えんまんたいしゃ】

円満に退社すること。会社と社員の両方が不満をもつことなく、スムーズに社員が退社すること。本当に会社と社員の両方が不満をもっていないのなら退社という結果にはならないはずなのだが、そこを突っ込むのは野暮というものだ。社員側は気持ちよく次のステップに進むために、そして会社側は滞りなく欠員を補充するために、できるだけ退社のくわしい事情を突つかれたくない。だからこそおたがい、これは円満退社だとわざわざ公言するのだ。「円満退

社です」と言われたら、そっとしておいてあげよう。

おいおい【おいおい】言

① 「その話はまた今度」と逃げたいときに使う言葉。「いつになったらギャラを上げてくれるんですか！」「まぁその話はおいおい……」
② 上司の口から思わず飛び出すツッコミ。部下が突拍子もない案を出したときによく聞く。「A社のコンペで落ちた案、そのままB社のコンペに使いましょう」「おいおい」

オーガナイズ【おーがないず】カ

イベントなどを計画・組織・主催すること。全部まとめてオーガナイズといわれている。主催者はオーガナイザーと呼ばれる。ちなみによく似た言葉にオーソライズがあるが、これは公認を得るの意で、ニュアンス

はまったく異なる。新しいカタカナ語を覚えたからと、うろ覚えで使うと思わぬケガを負うことがある。

OJT【おーじぇーてぃー】制カ

On the Job Training（オン・ザ・ジョブ・トレーニング）の略。新入社員に対して、上司や先輩が実務を通じて指導し、知識や技術を習得させる教育手法のこと。求人広告や求人サイトにはOJT制度ありなどと記される。語感からはあたかも、上司や先輩が優しくフォローしてくれるイメージがあるが、それは罠であり、多くの場合は即戦力として業務を任されながら、放置される。「話がちがうじゃないか」——新入社員が最初に受ける洗礼だ。気づくと後輩にやっている。

おごったったやん【おごったったやん】言

関西弁で「ごちそうしてあげたよね（だから言うことを聞いて）」の意味。「こないだ、おごったったやん？これやっといて」のように使われる。缶コーヒー1本であっても、おごってもらうと理不尽な要求も断りづらくなる。そのため、近年は先輩や上司からごちそうになることを警戒する若手も増えた。

お先に失礼します
【おさきにしつれいします】言

その日の業務を終え、会社を出るときに、まだオフィスに残る人たちにかける言葉。「お疲れさまでした」と言葉が返ってくるまでがワンセットのやりとりなる。オフィスのなかで最初に「お先に失礼します」と宣言するのはかなり勇気がいる行動のため、定時を過ぎると、お先に失礼したい人たちのなかで「お前が先に言えよ」「いやお前が言えよ」といらぬ駆け引きが起こることが多い。なお、敬語としては上司、同僚、部下、誰に使ってもよい言葉である。

おざなり【おざなり】

その場限りの間に合わせや、いい加減なものを指す。よく似た言葉になおざりがあり、こちらはあまり注意を向けず、いい加減に扱うさまを表す。どちらもいい加減とニュアンスにはちがいないが、おざなりが「いい加減ではあるがなんとか対応するよ」という意思を示しているのに対し、なおざりは「そもそも関心がない。対応しない」という一段階上のいい加減さを醸し出している。どうでもいい場面でこのような細かなちがいを突いてくる人物とつきあうと疲れるので、おざなりでよい。

おじさん構文【おじさんこうぶん】

メールやSNSにおいて、おじさんが使いがちな文体のこと。文頭や語尾に無意味にカタカナを使う（例：ヤッホー／オハヨー／やったネ）、大量の絵文字を使う、聞かれてもいないのに近況報告をする、下心を隠し切れていない、などがおじさん構文に当たる。若い女性社員とSNSでつながってウキウキするがあまり、「○○チャンはお寿司が好きなんだって？　おいしいお店を知ってるから今度一緒にどうカナ？　ナンチッテ」なんてメッセージを送ろうものならセクハラ一直線なので要注意ダゾ。

お歳暮【おせいぼ】行

一年の締めくくりに、日ごろお世話になっている人にお礼の気持ちとして贈る品。お酒、コーヒー、ハム、ソーセージといった保存の利く食べ物、飲み物や、洗剤、石鹸といった生活必需品がお歳暮の定番となっている。かつては勤めている会社の社長や役員、上司にお歳暮を贈るのが一般的だったが、近年は人事に影響を与えるのではという憶測が生まれるのをあらかじめ防ぐため、個人のお歳暮の贈り合いを禁止する会社も増えている。また、コロナ禍によって会社どうしのお歳暮の贈り合いも

めっきり減った。また、お歳暮に使う予算や社員の時間を、有効活用するほうがいいと考える人も増えはじめているという。

お茶出し【おちゃだし】

お客様にお茶を出すこと。あるいはその業務を担当する人。お茶くみとも呼ばれる。昭和から平成にかけては、お茶出しは若い女性の一般社員が担当するものと決めつけられていた。それもコーヒーメーカーや、お茶メーカーの普及で減少した。令和の時代にそんな価値観を披露しようものならとんでもないことになる。お願いするときは慎重に。実際、いまだにお茶出し係がある会社は全体的に古めかしい制度が多い。

お中元【おちゅうげん】行

夏のご挨拶に、日ごろお世話になっている人にお礼の気持ちとして贈る品。以下、ほぼ「お歳暮」の項と同文である。

お疲れさまです
【おつかれさまです】言

対面、電話、メールを問わず、おそらく日本で一番交わされているあいさつ。おもに社内の人や、極めて親しい社外の人といったような仲間うちで使われる。社長相手にも新入社員相手にも使える、守備範囲の広いあいさつが、「まだ疲れていない、イヤミか！」と怒る人がたまにいる。なお、似た言葉に「ご苦労さま」があるが、これは目上の人が目下の人を労うときにのみ使うもの。万が一、社長や上司に「ご苦労さまです」と言おうものなら、礼儀知らずの愚か者というレッテルを貼られ、大変なことになる。

おっしゃられる
【おっしゃられる】言

おっしゃるの誤用。書面やメールでまちがえることはないが、会話のなかでうっかり「○○部長がおっしゃられたので」と言ってしまうことも。

敬意を表そうとしすぎて出る二重敬語で、気持ちはわからなくはないが、卑屈な印象になるので避けたい。

お局【おつぼね】人

大きな存在感のある、ベテランの女性社員のこと。お局さまともいうが、令和の時代には使うべきでない表現。当事者が面と向かって「お局さま！」と呼ばれることはけっしてなく、たいてい陰で「あのお局が」と呼ばれる。つまり、まわりからはあまり好かれていない。原因の多くは、気に入らない後輩をいびったり、場の空気を読まずに仕切りたがったりといった言動にある。お局さまの機嫌は何があっても損ねてはいけない。

お電話が遠い
【おでんわがとおい】言

電話で相手の声が小さく、聞き取りづらいことを伝えるときの婉曲表現。ストレートに言うと角が立つし、相手には相手の事情があるのかもしれない。そこで、責任の所在をうやむやにしつつ、とにかく声が聞き取りづらいことを相手に伝える不思議な日本語が生まれた。ちなみに、相手の声が小さいとこちらの声が大きくなってしまうのは、会社員のあるあるだ。

落としどころ【おとしどころ】

複数の案が出たり、利害が一致しない者どうしが話し合ったりしている場合の、最終的な妥協のしどころ。折衷案ともいう。これさえ決まればものごとは前に進むのだが、思惑やプライドが複雑に絡み合うビジネスの世界では、落としどころがなかなか見つからない。

オフピーク通勤
【おふぴーくつうきん】制

通勤時の混雑時間（7時50分〜8時50分ごろ）をさけて通勤すること。時差出勤ともいう。もうこれ以上人が乗れないように見える電車に、次から次へと新たな乗客が身をねじ込んでいくのが都市圏の会社員の日常的な出勤だったのだが、コロナ禍で様相は一変。政府がどれだけ広報しても進まなかったオフピーク通勤が一気に進み、今や通勤時の混雑度は驚くほど緩和されている。

オブラート【おぶらーと】カ

水に溶けやすい可食フィルムのこと。原料はデンプン。苦みがあって飲みづらい粉薬を包んで飲みやすくしたり、ベタベタとしている菓子を包んで小売りしやすくしたりといっ

た役割を果たす。この役割から、ビジネスの場では慣用句として、相手を刺激しないよう強い表現を避け、おだやかな表現にすることをオブラートに包むという。ただし多用すると「そういった意味では、課長が提案してくださったA案が悪いというわけではないというのが大方の意見なのですが、いかんせん甲乙つけがたいB案というのが予想外のところから出てまいりまして、その案がみるみるうちに支持を集め……」などと、わけがわからなくなる。

オフレコ【おふれこ】カ

公表しないこと、口外しないことを前提として話される極秘事項。もともとはoff the record（オフ・ザ・レコード）に由来する報道用語だ。「これはオフレコなのですが……」から始まる話は、公開前の人事情報だったりスキャンダルだったり業界を揺るがす大きな動きだったりと魅力的な話題であることが多く、つい誰かに話したい！　と思ってしまうものだが、そこで誘惑に負けて誰かに話してしまうと、人としての信用を大きく失墜することになる。また、喫煙所でオフレコな話をする人も多いが、たいていは狭い空間なので盗み聞きされている。

お前の代わり
【おまえのかわり】言

あなたに代わる人材の意。多くの場合「〜はいくらでもいるんだぞ」と続く。かつては荒々しい上司の常套句だったが、パワハラに厳しい目が向けられるようになった昨今、すっかりと鳴りを潜めつつある。しかし現に、多くのビジネスパーソンは、いくらでも代えが利く人材に過ぎないのも事実。「この仕事はお前以外には任せられん」と、代わりがいない人物を目指すとよい。

お見送り【おみおくり】

お客様と別れる際、お客様の姿が見えなくなるまでその場にとどまること。上司の姿が見えなくなるまで見送ってくれる部下に、上司は「こい

つデキるな」と一目置くものだ。た
だ、お客様や上司ばかりを意識して
お見送りしているとまわりが見えな
くなり、道行く人々の邪魔になって
しまう。

オンスケ【おんすけ】カ

on schedule（オン・スケジュール）
の略で、予定どおりに進行中の意。
上司から「オンスケで進んでる？」
と聞かれたら、それは「予定どおり
に進んでる？」という意味。「例の
プロジェクトはオンスケです」とい
う報告は少々間抜けに聞こえるが、
仕事の進み具合としてはとても好ま
しい状況を指す言葉だ。

オンとオフ【おんとおふ】言

オンは力を入れている状態、がん
ばっている状態、アクティブに動い
ている状態を指し、オフは力を抜い
ている状態、ダラーッしている状
態、のんびりと休んでいる状態を指
す。上司はよく「オンオフを切り替
えろ」と言ってくるが、現実にはオ
ンとオフを能動的に切り替えられる
人はまれで、オンオフのスイッチは
ときと場合によってなんとなく自動
的にオンになったり、オフになった
りすることが多い。タバコ、コー
ヒー、エナジードリンクの力を借り

て、無理やりオンにするケースもよ
くみられる。

オンライン会議
【おんらいんかいぎ】行

Web会議サービスを使って行う会
議のこと。会議参加者全員が現場の
会議室に集まらずとも、顔を合わせ
て、資料を共有しながら会議を進め
ることができる。コロナ禍を機に在
宅勤務が増えたことで、新たな会議
の形として爆発的に普及した。た
だ、「資料を画面で共有されただけ
では頭に入らない。プリントアウト
したものを郵送しろ」「オンライン
会議だけでは温かみがない。オンラ
イン会議の振り返りを対面でやろ
う」などとよくわからないことを言
い出す、時代の変化を受け入れられ
ない上司もまだまだいる。

社畜 × 文芸書

蟹工船

小林多喜二／著
戦旗社
1929年

プロレタリア文学（虐げられる労働者の厳しい生活を描いた文学）の代表とされる作品。舞台は1910〜20年代の日本。蟹工船とは、海でとった蟹をすぐに加工するための船のこと。「航船」ではなく「工船」であるところがミソで、そのために航海法（小説内の架空の法律）は適用されず、船はボロ船を改造した危険なもの。加えて工場でもないため労働法規も適用されず、船員は薄給と監督からの虐待に耐えるしかなかった。しかし船員たちはしだいに反骨心をもち、苦闘の末にストライキを成功させ監督を失脚させる。ブラック企業で搾取されながら働くビジネスパーソンの共感を呼び、発表から100年近く経つ現在でも若年層からの支持を得ている。

社畜 × 自己啓発書

嫌われる勇気

岸見一郎、古賀史健／著
ダイヤモンド社
2013年

物語形式のビジネス書。哲人と青年が、「人間はどうすれば幸せに生きられるのか」をテーマに語り合いながら物語が進んでいく。物語を通じて、オーストリアの心理学者アルフレッド・アドラーが唱える「アドラー心理学」の内容がわかる。「過去の"原因"ではなく、今の"目的"を考える」「劣等感は"健康で正常な努力と成長への刺激"」「"アドラー心理学では、他者から承認を求めることを否定"する」など、アドラー心理学を軸に、他者から嫌われるのを恐れることなく、自分らしく生きるためのヒントを与えてくれる。累計発行部数は100万部を超える大ベストセラーとなり、2017年にはこの本を原案とした同名のテレビドラマも放送された。

か行

金儲けを仕事の目的にすると、つまらなくなる。たしかに給与は高いほうがいいに決まっているが、仕事で得られるものはそれだけじゃない。出会いやコミュニケーションなど、人と人との「縁」をしっかり築き上げていけば、「円」はあとからついてくる。

会議【かいぎ】

ある目的について、関係者が集まって意見を交換し、意思決定をする場……のはずなのだが、多くの日本企業においてはなんとなく関係者が集まるだけの場となっており、意見が交換されたり意思決定が行われたりすることはほとんどない。長く、意味のない会議の時間をいかに楽しく過ごすかが社畜の重要課題のようで、密かに参加者どうしでLINEのやりとりが飛び交っているという。近年では「会議は30分」と時間を決めて行われるため、単なる決定事項の通達の場となっていることも。

解雇規制【かいこきせい】制

雇用主が労働者を自由に解雇することを制限する法的規則。整理解雇（リストラ）、懲戒解雇、普通解雇、退職勧奨など、解雇の種類によってそれぞれ。細かな要件を満たし、手続きを経なければ解雇はできない。これを逆手に取り「どうせクビにはならないんでしょ？」と会社にぶら下がる人材は意外と多い。しかし2023年1月現在、解雇規制は緩和の方向で進んでおり、今後はクビになりやすい社会になることが予想される。しゃかりきに働いて会社にしがみつくのは吉か、凶か。

会社人間【かいしゃにんげん】人

会社で働くことが人生のすべてであり、そのほかに趣味や生きがいをもたない人。社畜が会社に飼い慣らされているのに対し、会社人間は積極的に「自分は会社にとってなくてはならない存在なのだ」と考えている。高度経済成長期に大量に生み出され、今なお、どの会社にも一定数存在する。土曜、日曜、祝日にも出勤しがちで、会社からは非常に重宝される半面、同僚からは「アイツ、生きてて楽しいのかなぁ」と心配されることもしばしばある。しかし心配はいらない。会社人間は会社で働くことこそが人生の楽しみなのだ。

カイゼン【かいぜん】カ

トヨタの生産方式のひとつで、製造業の現場において、日常の業務を見直して無駄をなくし、現在よりもよくしていくための活動のこと。一般的な日本語としての改善（悪いところを改め、よくする意）と区別するため、あえてカタカナで表記される。トヨタをまねて（ただし中身はまったく異なる）カイゼンを推し進めるあまり、うまく回っている業務にわざわざ手を入れて改悪したり、ひたすら粗探しをしたりする事例もしばしば見かけられる。

解像度【かいぞうど】

デジタルカメラなどで画像の密度を表す数値。大きければ大きいほど、画像がくっきり見えることから、ビジネスにおいては、議論の深まり具合や見通しの立ち具合を示すときに使われる。若手のビジネスパーソンは、なぜか画像や写真にまつわる語を好み、計画上の細かな不安点を「ノイズ」と呼び、焦点を当てることを「フォーカスする」という。

買い出し【かいだし】

社外に出かけて何かしらの品物を仕入れてくること。仕入れてくる品物は飲み物、弁当、お菓子、文房具など多岐にわたる。自分の用事でちょっとした買い出しに出かける場合は、「○○行きますけど、何かいりますか？」とまわりにいる人に声

をかけることで評価が上がる。また、とくに買い出しに行くつもりはなくても誰かから「○○で何か買ってきて」と頼まれることがある。これは俗にいうパシリ、ガキの使いではあるが、侮ってはならない。そこで何を買ってくるかで、あなたの人としてのセンスが見られているからだ。

回転率【かいてんりつ】

経営分析の指標のひとつで、資本や設備がどれだけ多くの売上高・顧客数を生み出したかを示す。薄利多売のビジネスモデルは必然的に回転率勝負となりやすく、長居する客に早めに店から出てもらおうと促したところ反感を買って激ギレされたあげく、それをSNSに上げられて炎上するといった悲劇もたまに見られる。資本回転率（資本を元手にどれだけの売上高をあげたか）、客席回転率（客席1席あたり何人の客が座ったか）、客室回転率（客室1室あたり何人の客が泊まったか）など、業種によってさまざまな回転率が使われている。

顔採用【かおさいよう】

男女問わず、応募者の顔のビジュアルの善し悪しで採用を決めること。昭和の時代には、来社する人からの

ウケをよくするために受付嬢には美人を、男性社員のモチベーションを高めるために新入社員は美人を……といった採用も少なくなかった。ハラスメントへの意識が向上し、ルッキズムへの批判が高まっている昨今ではそのような採用はぐっと減った。とはいえ、「人は見た目が9割」と考える人は多く、採用において顔＝見た目が考慮されるのはたしかだ。美容業界の一部には、顔採用を公言している会社もあり、その是非は引き続き議論の的となっている。

学生気分【がくせいきぶん】🈁

新卒で入社した社員に対して上司から飛ぶお叱りの言葉。「いつまでも学生気分でいてもらっちゃ困るんだよー」のように使われる。気分の問題で起きたわけではないミスに対しても使われることが多い。

ガクチカ【がくちか】🈑

学生時代に力を入れたこと、の略語。志望動機、自己PRとともに、新卒の就職活動のエントリーシートや面接で問われる3大テーマのひとつである。「学生時代にもっとも打ち込んだことはなんですか？」「大学生時代、もっとも熱中して取り組んだことはなんですか？」など細かなバリエーションのちがいこそあれ、基本的にはどの企業の選考でも必ず聞かれる。しかし入社後、自分が面接時にどう答えたのかを覚えている人はほとんどいない。「面接のときにはああ言っていたじゃないか！」と責め立てる人もいないので、基本的には、「論理的な思考や話し方ができているか」「チャレンジ精神があるか」に焦点を当てて対策をすれば問題はない。ただしウソをつくとのちのちしんどいことになる。

確認します【かくにんします】🈁

トラブルやミスなどが起こったときに、怒る相手に対して伝える最初の一言。言い訳を考える時間をつくったり、自分に責任がないことを相手にさりげなく伝えることができる。あらかじめ確認をしている場合でも、あえてこのように言うことでワンクッション置く効果がある。なお、

大企業においては「私はどこどこへ確認しました」の連鎖で、責任がうやむやになることが多く、結局は最初に確認しますと言った人物が責任をかぶって謝罪することになる。

学閥【がくばつ】

ある組織のなかで、出身校や出身学派によって生まれる非公式な集団。会社によっては、学閥による勢力争いがあり、出世や抜擢される仕事の大小に大きく影響することもある。弱いヤツほど群れる、無視していい、とは一概に言えないのが学閥の厄介なところで、政界、財界といった強者の集まりほど学閥が大きくものをいう。地方では地元の国立大学出身者が幅を利かせたりしている。

学歴【がくれき】

学業上の経歴。就職活動では履歴書に必ず記すものであり、それが前述「学閥」によってプラスに働いたり、マイナスに働いたりする場合もある。また、応募者が殺到する人気企業には学歴フィルターを設けているところもあり、応募者は文字どおり、学歴によってふるいにかけられる。就職活動では学歴フィルターにかけられ、無事に入社できたと思ったら学閥があり、仕事で結果を出せない

と「これだから○○大学出身は……」と大学ごと後ろ指を指される。「学歴なんて関係ない！」と言う人はたいてい、学歴が高いか地位が高いかのどちらかであり、モヤモヤする。働く者はつねに学歴の呪縛からは逃れられない。

菓子折り【かしおり】物

折り箱に入った菓子のこと。おもに、迷惑をかけた先方に対するお詫びの印として用いられる。ただし、お詫びの印でありながら、同時に「これで手打ちとしてくださいね。よろしくお願いしますね」というメッセージも込められており、受け取った側はこの件については水に流さなければならない。そのため、ごくまれに「こんなものはいらない！」と突っ返されることがあり、その場合はおとなしく持ち帰るしかない。なお、菓子折りを渡す際にはけっして、「このお菓子は名店の品でして、なかなか手に入らないんですよー」などと菓子の自慢をしてはならない。

かしこまりました
【かしこまりました】言

「わかりました」の謙譲語。自分に対して何かを依頼する目上の相手に対し、納得や了承の意を示す。かし

こまるとは、慎んだ態度でいること。社会人になってから日の浅いうちは、自分に何かを依頼するのはお客様であれ、上司であれ、先輩であれ目上の人が多いので、基本的に「かしこまりました」と答えて動き出せば問題ない。サービス業界の接客マニュアルにも記載されているほど当たり障りのない表現である。ただし、久々に会った友だちに対しても「かしこまりました」と発してしまうと、「コイツもすっかり社畜になっちまったなぁ……」と悲しまれることになる。

箇条書き【かじょうがき】

情報を文章としてまとめず、細切れのままに一つひとつ列挙する表現手法。見た目はぶっきらぼうである一方で、わかりやすく、またすばやくまとめられるのが大きな長所だ。上司から「箇条書きでいいからまとめておいて」と頼まれたら、それは「細かな表現は気にしなくていいから、要点だけを手早く書き出して」という意味であり、とにかくスピードが要求されている。ただし、日報やレポートをなんでもかんでも箇条書きでまとめて提出していると、単にめんどうくさがっているだけと見られてしまう。

風通し【かぜとおし】

組織内におけるコミュニケーションのとりやすさや、意思疎通の具合を示す言葉。風通しのよい会社といえば、部門間に壁がなく、部下は上司に対しても率直にものを申すことができ、会社のもつ理念も一般社員まで十分に浸透している会社を指す。ただ、上司と部下がフラットで、上司に少々タメ口で話しても許されることを指すことではないので要注意。物理的に声や態度が大きい人が強い会社を「風通しがいい」と表現することもある。

家族経営【かぞくけいえい】

創業者とその家族が会社の重役を担い、経営を行うこと。地元に根ざした安定的な経営を行う会社が多い一

方、どんなにがんばったところで家族以外は絶対に社長にはなれないという暗黙の了解がある。求人広告には、アットホームな職場、風通しのよい社風など、ブラック企業のそれに近い謳い文句が並ぶ。経営者がすぐれている場合には謳い文句そのままの働きやすさが待っているが、現実には創業者の２代目、３代目のボンボン社長が行き当たりばったりの経営をくり広げたり、逆に前例にならいすぎて尻すぼみの経営を行ったりしている。

肩たたき【かたたたき】

会社（経営者）が従業員に対し、自己都合退職を促すこと。著しく勤労意欲が低い（たび重なる無断欠勤、無断遅刻など）、著しく社内の風紀を乱すといった当人に理由のある場合から、経営者の独断や単なる整理解雇など「それって会社都合じゃないの？」と思われる理由なのに強引に自己都合にさせられる場合まで、実行の背景は多岐にわたる。会社が早期退職希望制度を敷いた場合には、なんとか退職金優遇措置の恩恵にあずかるべく、早期退職希望制度の対象にギリギリ入れない人たちがなんとか入れてもらおうとみずから肩を叩かれにいくのだという。

カタルシス【かたるしす】カ

心のモヤモヤが晴れ、スッキリすること。ビジネスでは、たとえばよく話を聞いてくれる営業マンに対して客側が「あースッキリした」と感じたときに、カタルシス効果を起こしたという。ただしあくまでも、相手が自発的にカタルシスを感じるのが本来のあるべき姿である。カタルシス効果を起こそうと、しつこくアプローチするばかりでは、相手のモヤモヤはむしろ溜まる一方だ。

カツカツ【かつかつ】

収支のバランスがギリギリでなんとか生活が成り立っている様子。ビジネスにおいては、予算、納期、メンタルなどのあらゆる面で余裕のないさまを表す。給料日前などでとくに余裕がないときには「カッツカツ」へと変化する。

ガッチャンコ【がっちゃんこ】言

別々のものを組み合わせること。「Aチームの案とBチームの案をガッチャンコする」などと使う。どことなく昭和感が漂う言葉だ。ガッチャンコという語感からもわかるように、組み合わせようとしている別々のものは、一見してすんなりとは組み合

わさらないことが少なくない。その
ため多くの場合は、「のちのちガッ
チャンコしましょう」というように、
「あとでやりましょう」のニュアン
スをともなって使われる。めんどう
なことはあと回し、あとになればな
んとかなるかもしれない、という先
延ばし精神と希望的観測がそこはか
となく込められている。

ガバナンス【がばなんす】カ

統治、支配、管理の意。ビジネスの
場ではおもに、コーポレート・ガバ
ナンス（企業統治の意）という語の
一部として使われる。社員が会社の
経費を私的流用したり、経営陣がわ
いろを贈り贈られたりといった組織
内の腐敗をみずから防ぎ、正す仕組
みがコーポレート・ガバナンスなの
であるが、これが機能する会社は驚

くほど少なく、ほとんどは腐敗が明
るみになったのち、各メディアから
コーポレート・ガバナンスのあり方
を問われることになる。

カバン持ち【かばんもち】人

有力者の付き人を指す。もちろん好
意的なニュアンスで口にするもので
はなく、「アイツは○○部長のカバ
ン持ちだったくせに、今ではあんな
にも偉そうにしやがって」と後ろ指
を指す言葉として使われる。既出
「イエスマン」と同様、どのような
会社にも、偉い人には一定数のカバ
ン持ちがいる。年輩の人のなかには
「オレはカバン持ちから出世したん
だ」とみずから語る人もいる。

カプセルホテル【かぷせるほてる】

カプセル状の寝室を提供する宿泊施
設。寝室には簡易ベッドが備え付け
られている。定員は1名。寝るだけ
のための宿泊施設であり、その寝心
地もけっしていいものではないが、
飲み過ぎて終電を逃したビジネス
パーソンの寝床としては及第点以上
の役割を果たす。また、出張費を少
しでも浮かして差額を懐に入れよう
と、出張時の宿泊先にカプセルホテ
ルを選ぶ猛者もいる。酸素カプセル
付きのホテルもある。

株主総会【かぶぬしそうかい】制

株式会社における最高の意思決定機関。株主が参加し、会社の重要事項を決議する。日ごろ、現場がどんなに汗水垂らして働いていても優雅に過ごしている役員たちが唯一ソワソワしだすのが株主総会の直前で、彼らはなんとか役員としての地位を継続できるよう、株主総会で変な声があがらないように、根回しに躍起になる。

上座【かみざ】

室内で、身分の高い人が座る席。和室では床の間にもっとも近い席、床の間がない部屋の場合は入口からもっとも遠い席が上座となる。洋室でもやはり、入口からもっとも遠い席が上座。タクシーの場合は、運転手の後ろの席が上座となる。おたがいに対等と思われる者どうしが同席すると、しばしば上座の譲り合いが発生する。相手に失礼のないようにと必死になるのはわかるが、端から見ていたらとても恥ずかしいので、相手が譲らない場合には適度なところで折り合いをつけ、上座に座る勇気をもちたい。ちなみに上座・下座は日本独特のマナーであり、外国人にはさほど浸透していない。

がむしゃら【がむしゃら】

高度経済成長期に誕生したモーレツ社員を起源とする、時代を問わずビジネスパーソンに一貫して求められている姿勢。家庭も趣味も省みず、一心不乱に仕事に邁進するのがよしとされている。若いうちはそれでもいいが、年齢を重ねると、忙しいアピールをしているだけの人や余裕がない人に見えてしまう。

仮面社畜【かめんしゃちく】人

事業家の小玉歩氏が著書『仮面社畜のススメ』（徳間書店）で提唱している、会社に利用されているように見せかけて、じつは会社を利用する生き方。「上司の言いなりにならず、結果にフォーカスする」「単に、なんとなくサボるな。サボった時間に、自分にとってプラスになる行動をする」など、ブラック企業に飼い慣らされずにたくましく生き延びる術である。ビジネスパーソンの理想形かもしれない。

ガラガラポン【がらがらぽん】言

①　「いろいろな意見が出て収拾がつかなくなったから、議論はいったんここでストップして、ここまでの意見をできるだけ反映したものを1

回出してみましょう」の意。何が出てくるかわからない、福引きやガチャガチャのニュアンスが強い。ガチャガチャは何が当たるかわからず運任せであることから転じて、自分の力で上司を選べないことを「上司ガチャ」と呼んだりする。このガチャで外れると、苦労することが多い。② 進めている途中で頓挫してしまい、にっちもさっちもいかなくなってしまったプロジェクトを、思い切って白紙に戻してゼロからやり直すこと。勇気のいる決断だが、間抜けな語感のおかげで意外と前向きにとらえられる。

カリスマ【かりすま】カ

人を魅了し、心酔させる力をもつ人のこと。1990年代後半のカリスマ美容師ブーム以後、世の中で幅広く使われるようになった。ビジネスの世界では、まわりの人を動かす力を手に入れている人をいう。カリスマによってまわりの人が動いてくれるのは気持ちいいものだが、あまりカリスマの上にあぐらをかいていると、新入社員として自分を凌駕するカリスマが登場したときにしっぺ返しを食らう。「カリスマですね」とプライドの高い人をおだてると、都合のいいように動いてもらうことができ、使えるので便利。

軽く一杯【かるくいっぱい】言

仕事後の飲みの誘い言葉。おたがいに特定の人物への不満、特定の案件への愚痴を共有している場合によく使われる。もちろん楽しい悪口大会が一杯で終わるはずなく、二杯、三杯、ひいては二軒目、三軒目と酒を重ねていくことがほとんど。翌朝、飲み過ぎてしゃべりすぎたことを後悔するまでがルーティン。

軽く一杯のお作法

カレンダーどおり
【かれんだーどおり】

土曜、日曜、祝日には営業を休み、平日には営業すること。とくに祝祭日が複雑に入り組んでいるゴールデンウィークやお盆休み、年末年始の前に確認のやりとりとして使われる言葉だ。「ゴールデンウィークの営

業はどうなっていますか？」「カレンダーどおり、30日、1日、2日は営業しています。その後は5日まで休みですよ」。ただし会社の休日はカレンダーどおりでも、社員は休日出勤していて仕事に追われているケースも往々にしてある。

過労死【かろうし】

働き過ぎによって死亡すること。脳疾患、心臓疾患による病死のほか、精神疾患による自殺も含まれる。いかに自分を守るかが会社人生において大切なテーマだ。

侃侃諤々【かんかんがくがく】

忌憚なく、活発に議論する様子。また、たとえ相手が上司であってもひるまずに直言する様子。残念ながら日本の会社ではあまり見られない。ちなみによく似た言葉の喧喧囂囂（けんけんごうごう）は、たくさんの人が口やかましく騒ぎ立てる様子や、ただうるさくしゃべる様子を表す言葉。「けんけんがくがく」は誤用なので注意したい。

歓迎会【かんげいかい】行

新しくメンバーとなる人を喜んで迎え入れる意を示す会。新入社員がお客様でいられる最後の宴であり、

少々言葉遣いがつたなくても、失礼なことを言っても、上司にお酌をしなくても、上司に注がれた酒を飲まずとも、この宴ではさほど叱られることはない。ただし以後は社畜として働くことを会社から求められ、宴の場でもつねに言動に気を遣うことが求められるようになる。

幹事【かんじ】人

催しをとりまとめる人。会社ではおもに歓迎会、送迎会、忘年会、納会、社員旅行などの実行委員を指す。日々の仕事を滞りなく行いつつ、社員全員が盛り上がる催しを企画、実行することが要求されるため、ハードルは高い。会社の視点からあえて言うなら、ゲーム大会の司会などを通して、ムードメーカーの素質を鍛えるトレーニングとも……。

神田明神【かんだみょうじん】

東京都千代田区外神田2丁目に鎮座する神社。大己貴命（おおなむちのみこと）、少彦名命（すくなひこなのみこと）、平将門命（たいらのまさかどのみこと）がまつられている。仕事運アップのご利益があるパワースポットとされ、仕事はじめの日には多くの会社が全社員を引き連れて初詣に訪れる。神田、日本橋、秋葉原、大手町、丸の内といった日本有数のオフィス街の総氏神であるというか

ら懐が深い。社員総出で受けるご祈祷は、毎年恒例の行事でありながら、晴れやかで神聖な気持ちになる。

完パケ【かんぱけ】

完全パッケージの略。パッケージとして完全に仕上がった状態で納品されることを示す。元請けが下請けに対して「完パケでお願いします」と言ったら、「こちらが手を加えなくてもそのまま商品になるように、全部やってくださいね」と要求している。下請け側としては「もちろんお引き受けしますが……すると、あなたの仕事は何？」と聞きたくなるが、けっして聞いてはいけない。

がんばりどころ
【がんばりどころ】🗣

ここ一番、力を入れて踏ん張るべき場面。のはずなのだが、自発的に「ここががんばりどころだぞ」と発奮する場面より、上司から「ここががんばりどころだぞ」と発破をかけられる場面のほうが圧倒的に多い。つまり、上司にとってがんばってほしいところ、くらいの意味。朝、昼、夜、入社1年目、2年目、3年目、プロジェクトの初期段階、中期段階、最終段階……会社人生のいたるところで、「ここががんばりどころだぞ」

の声はかかる。真に受けてがんばっていると、社畜化していく。

看板【かんばん】

会社のイメージや名声のこと。「看板をうまく使って取り入ってこい」「ウチには看板がないから厳しいなぁ……」といった使用例から垣間見えるように、看板のあるなしは仕事の進めやすさに大きく影響する。会社の看板を使って大きな実績を挙げる人は、社畜として働いているうちはチヤホヤされるが、他社に移籍したり独立したりして、そのあとの数字がイマイチだと「あの人って結局、会社の看板がないと何もできない人なのね」と陰で言われることになる。

幹部会【かんぶかい】行

会社の役員が集まる会議。役員会ともいう。一般社員からすれば何が話されているのかよくわからない会議

だが、現実に、よほどの不祥事が起きた場合以外は、先週のゴルフコンペの話に花を咲かせていたりする。単なる社畜ではこの席には加われず、当然のことながら確固たる実績が必要となる。会社としては選ばれし者が呼ばれる栄誉ある会だ。

幹部候補【かんぶこうほ】人

将来、この会社の役員になるであろうという期待が込められている社員。ただし何をもって幹部なのかは会社によって異なる。多くの新卒求人広告の募集欄には「総合職（幹部候補生）」と記されているように、ほとんどの新入社員はこの枠で入社するが、いつの間にか候補の数はひとり減りふたり減り、結果的には出世レースで生き残った選ばれし者のみが幹部になれる。社畜たちは、なんとか出世レースに生き残ろうと、既出「イエスマン」になったり既出「カバン持ち」になったりして有力者のご機嫌取りに奔走するのだ。

聞いていない【きいていない】言

① 驚きの事実をはじめて聞いたときに出る言葉。例：「オレはそんな話聞いていないぞ！」
② 本来は自分が先に受けるべき報告であるはずなのに、正規のルートを通らず自分より上の上司に報告がいっていることに不服を示し、部下の手助けを渋るときに出る言葉。例：「オレはその件、聞いていないからなぁ」
③ 本来はこちらの仕事ではなく相手の仕事のはずなのに、なぜこちらに強引に押しつけるのか、と思いつつも面と向かって突っぱねるわけにもいかずに引き受けてしまい、でもせめてもの抵抗として手をつけずに放置し続けていたところ、相手から催促が来たときに出る言葉。例：「すみません、聞いておりませんので」
④ 上の空で、話が右の耳から左の耳に流れていく様子。例：「アイツは話を聞いていない」

黄色と黒は勇気のしるし
【きいろとくろはゆうきのしるし】

栄養ドリンク・リゲインのCMソング「勇気のしるし〜リゲインのテーマ〜」の歌詞の一部。後ろには「24時間戦えますか」というフレーズが続き、こちらは1989年の新語・流行語大賞にランクインした。時代はバブル真っ只中。働けば働くほど給料が上がり、ひとつの会社に定年まで勤め続けてさえいれば生活も将来も何もかもが安定しており、社畜として生きることが社会人としての正解だった時代でもあった。

企画書【きかくしょ】物

プロジェクトの目的や概要、スケジュール、予算などを決裁者に提案するための書類。会社の慣例やプロジェクトの内容によって、一枚の紙にまとめる場合もあれば、数十枚にわたる書類を作成しなければならない場合もある。現実には、企画が通過するか否かは、企画書そのものの良し悪しよりも、提案者の信用にかかっていることが多い。事前の根回しこそが重要であり、企画書の提出段階ですでに結果は出ているのだ。

聞きながらメモをとれ
【ききながらめもをとれ】言

上司がよくかける忠告。上司の言葉としては珍しくためになるものといえる。どんなに学生時代に優秀だった人でも、相手の話を聞いていたつもりが聞いていなかったり、あとから思いだそうとしても忘れてしまっていたりといったことが社会人になるとひんぱんに起こる。それを防ぐのが、聞きながらメモをとる技術なのだ。2022年サッカーW杯日本代表の森保一監督はメモ魔で知られ、効果は偉大であることがわかる。話している相手に失礼にならないよう、目は話している人のほうに向けながらメモをとることが正しい作法。そのためときどき、メモ帳から字がはみ出してしまったり、あとから読み返そうと思っても字が汚くて読めなかったりする。

起業【きぎょう】

新しく事業を起こすこと。戦後の日本で起業が大きなムーブメントになったのは終戦直後と高度経済成長期だが、それ以降も脱サラブーム、ベンチャーブームなど言葉を変え、不定期的に起こっている。自分と同じように社畜として一生を終えるのだろうと思っていた仲の良い同僚が会社を辞めて起業するとなると、少なからず心にさざ波が立つ。ただ、起業を「社畜から脱する手段」と考えている人は多いが、社長になるだけで、やっていることは社畜とほぼ変わらなかったりする。

机上の空論【きじょうのくうろん】

机の上で練り上げただけの、超理想的な、現実にはなんの役にも立たない考えのこと。現場経験のない新入社員、現場から離れて十数年経つ部長、よくわからないコンサルがしたり顔で言いがちである。ダメ社長の言っていることは、ほぼこれ。

喫緊【きっきん】

差し迫って重要なこと。きちんとした報告書などで使われる言葉だ。喫緊の課題といえば、できる限り早めに解決しておきたい重要な課題を指す。ただし、○月○日までに、と期日を明記するほどではない緊急度、重要度であることも併記しておきたい。結果、「ASAP」や「なるはや」と同程度であることも多い。

昨日の今日【きのうのきょう】🈀

「昨日、ことが起こったばかりだというのに、それから1日しか経っていない今日」を強調していう言葉。「あいつ、昨日の今日でまた遅刻しやがった」「えっ、昨日の今日でもう方針変更ですか？」「昨日の今日で納品は難しいですよー」など、おもにネガティブな場面で登場する。

決め打ち【きめうち】

時々刻々と動く状況を見ず、はじめから結論ありきでものごとを進めること。たとえば商談で、事前に調べた相手企業のプロフィールから「先方の希望はこうにちがいない。だからこの提案で押そう」と決めてかかることを指す。あらかじめ一方的に定めた方向に突き進むため、ハマれば強いが、たとえズレが生じても修正できないのが大きな欠点である。数ある中のひとつの商談程度ならまだ決め打ちでもよいが、経営そのものが決め打ちで進みがちなのがブラック企業の特徴だ。「こうなってくれなきゃ困るんだ！」と、目隠しをしたまま突っ走るかのような経営は危なっかしいの一言。もしもあなたが、そのような会社の社員ならば、早めに見切りをつけるようにしたい。

肝が据わる【きもがすわる】

度胸があるさま。「肝」は臓器、「据わる」は、落ち着いている状態を意味する。上司や先輩など目上の人に対して、はっきりものが言えるのは理想だが、こういう人は敵と味方がはっきり分かれやすい。なお、大した実績もないのにふてぶてしい態度をとる若者を、むりやりほめるときも使われる。類義語に「肝っ玉が太い」がある。肝が「座る」は誤用だが、パソコンの変換では一発で出てこない。

肝に銘じます
【きもにめいじます】🗣

叱られたときや、何かを詫びるとき、締めに使う言葉。「すみません」のあとにつける。厳密にいえば、しっかり心に刻み込み、けっして忘れないようにする、の意。「すみません」だけだと、「謝っていればそれでいいやと思っているんじゃないか」と思われそうだし、「以後気をつけます」でも何か軽い気がする。そこで、いかにも深く反省していそうな、二度と同じ失敗をしなさそうな言葉として最適なのが「肝に銘じます」なのである。この言葉で、一方的に責められる展開はひとまず終了となる。

逆境【ぎゃっきょう】

運が悪く、ものごとが思うようにいかない状況のこと。気心のしれない人間がたくさん集まる会社という組織に所属しつつ、さらに気心のしれない他社の人間と折衝をしながら進めていくのが仕事なのだから、すべてが思いどおりに進む順境の時期より、逆境の時期のほうが多くなるのは必然といえる。ただし、この思考法も社畜への第一歩。ほどほどに。

キャパ【きゃぱ】カ

収容能力を示す英語・キャパシティ（capacity）の略。定員や内容量といった物理的収容能力を指すこともあれば、仕事の同時進行能力やストレス耐性といった個々人の包容力を指す場合もある。ちょっと仕事が重なったくらいでイライラしていると「アイツにはキャパが足りない」と言われてしまうので気をつけよう。

キャリアアップ
【きゃりああっぷ】カ

仕事において、ある分野の能力や専門性を磨き、ビジネスパーソンとしての市場価値を向上させ、経歴の価値を高めていくこと。おもに、転職によって現状より高い収入を得た

り、重要なポジションに就いたりすることをいう。転職によるキャリアアップが癖になってしまったがために、同じ場所で経験を重ねて習熟度と信頼感をアップさせるという大切なスキルが身につかず、結果的にいつまでも数年おきに転職し続けてしまう人もしばしば見かけられる。

キャリアアドバイザー
【きゃりああどばいざー】人 カ

転職を希望する人に対して、転職を成功に導くためのアドバイスをする仕事。やることは大学の就職課やキャリアセンターとそう変わらない。極端な話、社会人経験があれば、すぐに名乗ることもできるため、あいまいな肩書きである。人事部で数年間働いた経験があるくらいでは、大したことを言えない。なんと

なく、キャリアアドバイザーに全部任せておけば転職が万事うまくいくような気になってしまうが、基本的には転職希望者に能力とやる気がなければキャリアアドバイザーはなす術がないことを忘れてはならない。

キャリアコンサルタント
【きゃりあこんさるたんと】人 カ

労働者の職業選択や生活設計、スキルアップなどに関する相談に応じ、助言や指導を行う仕事。2016年4月に国家資格に認定された。就職や転職に限らず、仕事とどう向き合うかといった根源的なところから相談に乗ってくれる点で、転職特化型のキャリアアドバイザーとは大きく異なる。ただ、近年はAIによるキャリアコンサルティング技術が目覚ましく進化している。人間である必要はないため、将来消えてしまう職業のひとつとも見られている。

キャリアプランシート
【きゃりあぷらんしーと】物 カ

厚生労働省が提唱しているキャリアプランニングツール「ジョブ・カード」の一部で、価値観や強み、将来取り組みたい仕事などを記入する。就職にも、転職にも、今の仕事を続けるのにも役立つ魔法のシートで、

活用している会社は多い。なお、「イケてる会社」感を出すために意味もなく導入し、定期的に提出させる会社はけっこう多い。

休日返上【きゅうじつへんじょう】

本当は休日である日も、休まずに業務に当たること。返上とは、いただいたものを返すことや、最初から受け取らないことを指す。似た言葉の休日出勤はどこかで代休を取れる展望があるのに対し、休日返上はその望みが薄い。「土日にやればいいや」は社畜の口グセ。

吸収【きゅうしゅう】

マイナス面をカバーしたり、補填したりすること。進行の遅れや、予算オーバー、予想以上の作業量などについて使われることが多い。「そちらで吸収できませんか」「それはこちらで吸収しますが、これはそちらでお願いします」など、吸収をめぐる攻防はいたるところで発生する。

給湯室【きゅうとうしつ】

会社の片隅にある、給湯器や流し台がある部屋。男性社員にとっての喫煙所と同じように、女性社員のたまり場として認知されている。真偽を

問わず、毎日、「ここだけの話」や上層部への批判、ありとあらゆる情報が飛び交う。その中心に鎮座するのが既出「お局」であり、情報を精査した結果、女性社員たちがどのような振る舞いをするべきかをお局が決める。女性社員にとっての最高意思決定機関といえる。

今日中【きょうじゅう】

多くの場合は23時59分まで、もしくは翌日の始業時刻までを指す。定時ではない。「なんだ、意外と緩やかじゃないか」と侮ってはいけない。「今日中に仕上げておいて」は、「徹夜してでも、何がなんでも、明日の始業時刻までに仕上げろよ」という恐怖の指令なのだ。「これ、今日中ね」と言われたら、一応「何時までですか？」と確認しておきたい。

恐縮ですが

【きょうしゅくですが】🈁

相手に対し、身が縮こまるほどに恐れ入ること。が本来の意味なのだが、現実には、図々しいお願いをしたり、厚かましい質問をしたりする場合に、「悪いけど、よろしく」のニュアンスで使われる。「恐縮ですが、納期を半年延ばしていただくことはできませんでしょうか？」「恐縮ですが、あの商品の製造方法をご教授いただけませんでしょうか？」など、ある意味で言いたい放題。受け入れられる、受け入れられないは別として、無茶なお願いや質問も可能にしてしまう無敵の言葉。命令や強制と同義に聞こえるあなたは社畜化が進んでいる。類義語に「無理を承知で」がある。

業務委託【ぎょうむいたく】🈁

自社の業務の一部を、外部の企業や個人事業主に任せること。あるいは、そのような契約を結んでいる個人事業主そのものを指す。会社にとっては、自社の社員より高い専門性をもった人にピンポイントで業務を任せることができ、業務委託を請け負う人にとっては、時間や雇用契約に縛られず自分の得意な仕事をして報酬をもらうことができる、双方

にメリットのある仕事のかたちといえる。ただし「楽だから」となんでもかんでも業務委託していると、いつの間にか社内に自分がいる意味を失ってしまうことにもなりかねない。なお、社員を業務委託にする悪い会社もある。

共有【きょうゆう】

文書や情報を共同で所有すること。メールを転送したり、アドレスをCCに入れてメールを送ったり、社内の共有フォルダに文書を入れたり、社内SNSに投稿したり、口頭で報告をしたりと、社内ではさまざまなかたちで行われている。トイレや喫煙所、給湯室で世間話をするのも情報共有の一種だ。意識高い系の社員がよく「共有します」と言いながら、どうでもいい情報をバラまきがちである。仕事の要領が悪いと「共有の山」に飲み込まれて自分の仕事がなんなのかがよくわからなくなってしまう一面もある。

教養【きょうよう】

学んで得た知識や品格のこと。または、品格形成をもたらす学問そのもののこと。社会に出てからは仕事だけしていればそれでいいのだ、とされていた時代は終わり、人生100年

時代をいかに豊かに生きるかという価値観にシフトしてきた。それにともない、大人が学習する場も増えてきている。眼鏡やスーツの着こなしなど、見た目の雰囲気で教養があるように見せかけている人もいる。

切り抜き動画【きりぬきどうが】

YouTubeをはじめとした動画共有サイトに投稿されている長めの動画や配信を、第三者が短く再編集した動画のこと。内容が濃密なビジネス系のものにとくに多い。目を引く言葉だけが切り取られているのでインパクトが強く、なんとなく内容がわかった気になるのだが、たいていは役に立たなかったり、いらぬ誤解をして大惨事になったりする。

勤続表彰
【きんぞくひょうしょう】⑰

長らく会社に勤め続けている社員を

称え、感謝するイベント。勤続10年表彰、20年表彰、30年表彰、40年表彰と、10年ごとに区切って表彰するのが一般的である。ちなみに、勤続30年表彰でもらえる記念品や金一封の相場は、約13.2万円なのだとか。30年もひとつの会社に勤め続けた見返りとして、この金額を高いと見るか、安いと見るか……判断は分かれるところだろう。

勤続疲労【きんぞくひろう】

長年、同じ会社に勤め続けていることによる蓄積疲労。もともとは、金属に小さい荷重を長期間、くり返し与えると、その金属が疲労して破断してしまう現象を示す金属疲労という語をもじったダジャレからきている。現実に長年にわたる長時間労働や過度のストレスによる疲労は、思考力の低下や判断の遅れにつながる。そのため、勤続年数の長い社員にはリフレッシュ休暇を設けている会社もある。上司が勤続疲労で倒れる会社は危険だ。

勤務間インターバル
【きんむかんいんたーばる】⑬

一日の勤務が終わったあと、翌日の出社までの間に一定時間以上の休息時間を設け、従業員が仕事以外の生

活を楽しんだり、十分な睡眠時間を確保したりしやすくする制度のこと。残業によって終業時刻が後ろ倒しになった場合、翌日の始業時刻もまた後ろ倒しにできる制度である。しかしその場合、その日の終業時刻も後ろ倒しになることが予想され、結局は始業時刻と終業時刻がずれるだけで人生は何も変わらないのではないかという説もある。

空気【くうき】

①　雰囲気のこと。「険悪な空気」「なんかいけそうな空気」「このまま何事もなく終わりそうな空気」などと使う。
②　存在感がなかったり、意図的に存在感を消していたりする人のこと。「今日の会議でのAくんは空気だった」「プロジェクトは成功したけど、正直、Bさんは空気だったよね」などと使う。

Google Meet
【ぐーぐるみーと】ソ

Googleが提供しているビデオ会議アプリケーションのこと。「Zoom」と同様、コロナ禍での打ち合わせや会議のかたちとして大きな役割を果たしている。ただし会社によっては、在宅勤務中にもつなぎっぱなしにす

ることを義務づけ、半ば監視システムとして活用しているところもある。加えて、コロナ禍における飲みニケーションの手段としても使われている。リアルな飲み会ならば「取引先との予定が入って……」「ちょっと家庭の事情で……」とうまく断れていたが、コロナ禍、かつ在宅での飲み会ということで断る理由がことごとく失われ、参加せざるを得ない状況が生まれている。

クールビズ【くーるびず】制 カ

2005年から始まった、夏期の衣服の軽装化キャンペーン。またはその服装のこと。軽装によって冷房使用による電力を節約し、環境に配慮することを目的としている。ただ、ノーネクタイ、ノージャケット、半袖シャツは許されていても、Tシャツやハーフパンツは許されておらず、冷房費節約による暑さ対策には振り切れていない。なお、12年から始まったスーパークールビズではアロハシャツが許されるなど、基準はどんどんあいまいになっている。

ググって【ぐぐって】言

「Google（をはじめとする検索エンジン）で、自分で検索して調べて」を略した語。たいていの情報はイン

ターネット上にすでに記されており、誰かに口頭で教えてもらうよりもよっぽど速く、くわしく、知りたいことを知ることができる。にもかかわらず、わざわざ「すみません、ちょっと聞きたいのですが……」と聞きにくる若手社員が多い。それに耐えかねた上司が、かつてはネット用語であったこの言葉を職場で多発するようになった。一見冷たいように感じる、突き放した言葉だが、いざ実際にググってみると、たしかに役立つ。正直、上司より役立つ。

9時5時【くじごじ】

午前9時に始業し、午後5時に終業すること。そこから転じて多くの場合、残業のない就業形態を指し、たとえ午前10時始業、午後6時終業でも、残業のないようにスポットライトを当てて話す場合にはこの語が使われる。残業の嵐である世の中の多くの会社員にとって、9時5時は羨望の的である。もしも自分が、この夢のような職場を手に入れたなら、あまりおおっぴらに公言しないようにしたい。無用に妬まれる。

口裏合わせ【くちうらあわせ】

何かをやらかしてしまったとき、叱責や処罰を最小限に食い止めるべく事実とはちがう報告をするため、関係者があらかじめ相談し、くわしく突っ込まれたときに話の内容が食いちがわないようにしておくこと。あたかも小・中学生が考えそうな幼稚な手段だが、上場企業の役員たちも、何かをやらかしたあとの記者会見の前には必ず行っている。ただしほとんどの場合、食いちがいが露呈して余計に叩かれているという事実も忘れてはならない。

組合【くみあい】制

労働組合のこと。労組ともいう。賃金アップや雇用人員の増加などを訴え、労働者が団結して労働環境を向上させることを目的としている。基本的に加入する、しないは自由であり、職場には組合員と非組合員が共存している。そのため、組合員が力

を注いで勝ち取った権利を非組合員がなんの苦労もなく享受していることを腹立たしく思ったり、組合が会社に必要以上に突っかかって社員全体が会社から厳しい目を向けられることに嫌気が差す非組合員がいたりと、いさかいが生まれやすい。長いものには巻かれろとはいえ、会社に巻かれるか、組合に巻かれるかの判断は、難しい。

クライアント【くらいあんと】 カ

顧客のこと。個人、企業を問わず、お客様の意で広く使われる言葉である。地域に根ざし、顧客もみな日本人や日本企業であるのにクライアント、クライアントと連発すると「なんだこいつ」と奇異の目で見られる。外国人の多くはこの言葉を「依頼人」や「カウンセリングを受けに来た人」としてとらえるため、最初はニュアンスのちがいに戸惑う。

クリティカルシンキング
【くりてぃかるしんきんぐ】 カ

クリティカルとは危機的なこと。致命的なこと。つまり、入手した情報を鵜呑みにせず、さまざまな角度から検討し、理解する態度のこと。批判的思考とも呼ばれる。物心ついたころからインターネットやSNSで

多くの情報に触れ、吸収してきた若者に求められる能力である。どういう立場の人が、何を目的に意見を述べているかなどはよく考える必要がある。ただし、なんでもかんでも疑うばかりだと、嫌なヤツになってしまうので気をつけたい。

クレーム処理【くれーむしょり】

自社の商品やサービスに対する苦情を処理する仕事。またはその仕事に当たる人のこと。当然のことながら、高いストレス耐性と包容力が要求される。誠実に対応すれば、相手は絶対にわかってくれる……と思うのは大きなまちがいで、世の中にはクレームをつけることそのものに生きがいを感じているクレーマーと呼ばれる人たちが多くおり、いかに彼らをいなし、穏やかに引き下がってもらうかが大きなポイントとなる。電話をとる若手はクレーム処理を押しつけられがちだ。

クロージング【くろーじんぐ】 カ

営業活動における締めくくりの段階のこと。具体的には契約の締結を指す。それまでの過程でどんなに好意的な反応を得ていても、現実に契約が締結されなければ成約とはならない。そんなことは当たり前の話なの

だが、世の中には意外と、「会話は弾んでいるはずなのに、いざ契約するとなるとうまくいかないんだよなぁ」「お客様に一生懸命向き合っているはずなのに、成績が上がらないんだよなぁ」と悩む営業マンが多くいる。彼らはおそらく、クロージングが下手か、あるいはそもそもクロージングをしていないかのどちらかだ。さて、あなたの場合はどうだろうか？

グローバル【ぐろーばる】か

世界規模であること。海外事業や海外展開のこと。昭和の時代はワールドワイドと言っていた。つねに世の中を広く見て、世界に飛び出す人はグローバルな人材ともてはやされ、日本国内で生きていくことを決め込む人はガラパゴスと揶揄されるが、基本的には自分が生きやすいように生きればそれでいいのであり、そこに優劣はない。しかし今や、なんでもかんでもグローバルが推奨される。

経営者目線【けいえいしゃめせん】

パナソニックホールディングスを一代で築き上げた経営の神様・松下幸之助氏の著書『社員稼業』の一節から派生した、一般社員がもつべき視点のこと。『社員稼業』には、「自分

は単なる会社の一社員ではなく、社員という独立した事業を営む主人公であり経営者である、自分は社員稼業の店主である、というように考えてみてはどうか。〔中略〕自分が社員稼業の店主であるとなれば、上役も同僚も後輩も、みんなわが店のお得意でありお客さんである。そうすると、そのお客さんに対し、サービスも必要であろう」とある。この言葉どおりに考える社員が育つと、経営者にとって非常に都合のいい人材ができあがるというシステムとなっている。「先を見すえる」「組織全体を考える」「経費を削減する」の3つが大きな柱だが、3つ目だけを実践する経営者は多い。

経験則【けいけんそく】

経験から得られる知識や法則のこと。「夕焼けがきれいだったら明日は晴れ」のような言い伝えも、今でこそ科学的根拠があるが、科学で証明される前からずっと信じられてきた経験則である。ビジネスにおける経験則も、迷信クラスに信ぴょう性の薄いものから、たとえば「社長に直接アポイントを取る電話をするなら、朝早くがいい」といった意外と使えるものまでさまざま。自分なりに経験則を集めていくのは楽しいが、それを後進に無理強いすると「時

代がちがう」「老害」と煙たがられてしまう。

傾聴力【けいちょうりょく】

相手の話をより深く、正確に理解するために熱心に聞く能力。「聞」は「耳に入ってくる」の意味だが、「聴」には「注意して聞き取る」の意味がある。昭和の時代には、「ちゃんと聞け！」と頭ごなしに言う上司や先輩がいたが、最近はパワハラととらえられるためなくなり、傾聴力に個人差が出るようになった。なお、相手が話しやすい聞き方をする「聞き上手」とは意味が異なる。

契約書【けいやくしょ】物

契約の内容を明確にし、契約を締結したことを後日証明するために作成される書類。業界によっては口約束だけで契約が成り立ったり、とくに契約を結ばずとも仕事のやりとりが行われたりするが、上司が口を出してきたり、のちに大きなトラブルに発展するケースもあり、契約書は確実に、早めに交わすようにしたい。なお、会社と社員も本来は労働契約書を交わさなければならない。

激務【げきむ】

仕事が非常に忙しい様子。ブラック企業の日常だが、月末や年度末になると多くの会社がこうなる。仕事量が多いだけでなく、一つひとつの案件がそれなりに重く、また終わりが見えないのが特徴。肉体的にも精神的にも大きく削られる。家に帰っても、疲れすぎて眠れない、というよくわからない状況に陥ることも少なくない。このような日々のなかで人はいつの間にか社畜になっていく。

欠員補充【けついんほじゅう】

中小・零細企業が求人を出す理由。欠員となった経緯が世間的にまずければまずいほど、この理由は募集要項に記載されない。会社の規模にかかわらず、ほとんどの経営者は言うことをよく聞き限界まで働いてくれる社畜をつねに求めている。

ケツカッチン【けつかっちん】

あとの予定が入っていて、今の予定の延長が許されないこと。もともとは映画業界、放送業界、芸能界の用語で、ケツはありとあらゆるものについての終わり、納期、締め切りを指す。カッチンは、映像収録の現場でカチッと鳴らすカチンコからきている。類義語に、ケツに火がつくがあるが、こちらは納期や締め切りまでの時間がなくなっており、せっぱつまっている状況を指す。広報などの部署でよく使われる。

決起集会【けっきしゅうかい】🈯

あるプロジェクトを立ち上げた際、景気づけに催す集会のこと。物々しい会合名だが、実際には単に「新年度になりましたから、気合いを入れるために飲みますか」的な飲み会であることも少なくない。また、新メンバーが部署に加入したときの歓迎会をこう呼ぶこともある。結束を高めるべく集まる場なのだが、酒に酔って仲間割れが起こり、プロジェクトの立ち上げ早々に空中分解してしまう事例もまれに見受けられる。

決算書【けっさんしょ】🈬

事業に関する収入や支出などを事業年度ごとに計算してまとめた、会社の業績を表す書類のこと。財務諸表と呼ばれる貸借対照表（B/S）、損益計算書（P/L）、キャッシュ・フロー計算書（C/F）の3表からなる。数字が読める社員＝デキる社員とみなされ、「決算書が読める本」的なビジネス書も多く出回っているが、現実には決算書のチェックは税理士任せという社長も多い。決算書が読めることが必ずしも出世に大きく影響するわけではない。なお、資金ぐりの危ない会社に限って、決算書が見られないようになっている。

月曜日【げつようび】

日曜日の次の日。多くの会社では、一週間の仕事はじめの日であり、進捗確認や各種会議のイベントが数多く設定され、スケジュールどおりに進んでいないことが発覚する。大きなトラブルが発覚することが多いのも不思議とこの曜日。原因としては、前週の木曜、金曜に報告しようと思っていたものの結局言い出せず、休日に覚悟を決め、月曜に意を決して報告する人間が多いからと推察される。2000年にハッピーマンデー制度が適用され、月曜の祝日は増えたが、火曜日は憂鬱なハプニングが起こりがち。

結論から言うと

【けつろんからいうと】🈁

上司から部下、部下から上司を問わず、報告の際によく使われる言葉。「結論から話せ」は上司の説教の常套句であり、それを先回りして制したのがこの語である。しかし言外には、「結論から言いますよ。その代わり、その結論はとんでもないものですから、覚悟してくださいね」という圧がそこはかとなく感じられる。「結論から言うと、A社から契約を切られました」「結論から言うと、B社を出禁になりました」「結論から言うと、進めていたCプロジェクトが白紙になりました」など。また「重要だから聞け」の意味で使う人もいて、そういうときは長い話の最後に結論が出てくる。類義語に「要するに」がある。

元気があればなんでもできる

【げんきがあればなんでもできる】🈁

故・アントニオ猪木氏の名言。ちなみに全文は「元気ですかー！　元気が一番、元気があればなんでもできる。この道を行けばどうなるものか、危ぶむなかれ。危ぶめば道はなし。踏み出せばその一足が道となる。迷わず行けよ。行けばわかるさ。いくぞー！　1、2、3、ダーーー！」であり、宴会で芸を求められたときはこれをやり切れば一定の支持を得られる。また、上司からこの言葉をかけられたら、何も考えず「わかりました！　気合いで乗り切ります！」と答えるしか道はない。むろん、精神論以外の何物でもなく、元気だけではどうにもならないことも仕事にはたくさんある。

健康診断【けんこうしんだん】🈁

年に1回行われる、健康状態の確認。20代のうちは暴飲暴食ですさんだ生活をしていても、ほぼすべての項目で正常の評価をもらえるが、30代、40代と年を重ねるごとに、要再検査、要精密検査、要経過観察、要治療といった不穏な項目が増えていく。どの会社にも、健康診断の直前に酒を抜く人がいるが、その効果はあまりない。

言語化【げんごか】

感情、感覚、直感といった目に見えないものを、言葉にして伝達可能な状態にすること。「なんとなく、A案のほうがB案より良いと思う」「Cさんの言っている意見は、どうもちがうと思うんだよなぁ」などと感じたときに、A案のどのような点がどのようにB案よりすぐれているのか、Cさんの意見のどこにどのような引っかかりがあるのかを明示できるか。この能力は仕事ができる、できないを分ける大きな境目となる。自分の考えを言語化するだけでなく、まわりの人の言葉足らずな部分も補足して言語化してあげることも、ビジネスパーソンとしては大切な仕事となる。

研修【けんしゅう】制

能力を高めるための特別な訓練。新入社員研修、リーダー研修、役員研修など、社歴や積んできた仕事の経験に応じてさまざまなものがある。実務にすぐに役立つ実践的なものから、なんの役に立つのかわからないがなぜか精神的に追いつめられるものまで、その質はピンキリである。社長がよくわからないコンサルタントとつながっている場合、通常業務で多忙を極める一般社員も、必要性を感じない謎の研修に駆り出される場合がある。いつ声がかかってもいいように準備しておく必要がある。

リーダー研修会場

現状維持【げんじょういじ】

現在の状態、状況をそのままキープすること。あるいは、現在の状態、状況を変えようと能動的に努力しているはずなのに、一向に変わらないこと。延々と同じ数字をキープすることだけを指すわけではなく、一時期増えてまた減ったり、またはその逆のような一進一退を続けている場合にもこの言葉が使われる。「現状維持は悪である！」と言い切る人もいるが、市況が悪化するなかでも現状維持でしのげているのは、大変なプラス要素である。

献身的【けんしんてき】

自分の時間や労力、利益を犠牲にしながら、チームや会社のために尽くすこと。すべての経営者が社員に対して求める働き方である。ただ、たとえ自分が犠牲になってもみんなが喜んで会社も儲かるからそれがうれしい、そしてこれが正しいんだという感覚を植えつけられていくうちに、人はいつしか社畜になってしまうことを忘れてはならない。

現代用語の基礎知識
【げんだいようごのきそちしき】物

毎年11月に自由国民社から刊行されている用語辞典。現代人なら知っておきたい用語に加え、その年ごとに世間をにぎわせた新語も収録され、社会人のバイブルである。ただ、あまりにも分厚いため、買っただけで満足して読まない人も多い。なお、本書はビジネスパーソン向けの『現代用語の基礎知識』としてつくられている。最後まで読んでほしい。

言質をとる【げんちをとる】

口約束を取り付けること。「A部長から、進めてオッケーとの言質をとりました」という場合は、正式な決裁は通していないものの、しかるべき決裁者であるA部長の了承は取り付けており、フライング気味にことを進めても問題ないことを示す。多くの場合は問題なくそのまま進むが、まれにA部長たる人が「そんなこと言ったかな？」と考えを翻すことがあり、そんな場合は既出「言った言わない」の問題に発展する。

検討します【けんとうします】言

検討する旨を示す言葉。検討は約束しているものの、実行を約束しているわけではない点がミソであり、実際のところは実行するつもりがない場合が大多数である。さらに言えば、検討する場は相手からは見えない場合がほとんどであるため、じつは検討すらするつもりがないことも少なくない。プライベートで使うビジネスパーソンも少なくなく、しかし使えば使うほど、ゆるやかに信用を落としていくことになる。顧客からのクレーム処理でも使われる言葉。

現場がすべて
【げんばがすべて】

会社にとっての売上はすべて現場から発生するとともに、その責任もすべて現場にあることを示す言葉。現場から離れた管理職ほど、現場を神格化しがちであり、現場の管理職の口グセ。トヨタやJALなどでも重視されている。似た言葉に「現場対応」があり、こちらは「管理職が細々としたことまで決めなくても、その場その場で現場で適切に対応してもらいます」の意を表す。現場に裁量を与えて任せてもらうのはありがたいが、大まかな方針さえ決めず、ほったからしにされることもある。

ご挨拶だけでも
【ごあいさつだけでも】

形勢は不利だが、どうにか会ってキーパーソンと名刺だけでも交換し、とっかかりをつくれないか……と食らいつく営業マンから出る一言。健闘むなしく「今日のところはお引き取りください」と突っぱねられることがほとんどである。

交渉術【こうしょうじゅつ】

相手との討議において、なるべくこちらの希望に近い条件で合意に到達

させるための術。ビジネスの世界では、社外、社内ともに絶大な力を発揮するスキルである。こちらの希望をすべて通そうとしたり、逆に相手の希望をすべて呑んでしまったりするのは愚の骨頂であり、交渉上手な人はつねに6：4程度の割合で相手より有利な条件を取り付けようとする。いつも交渉がうまくいかない人は、試してみては？

拘束時間【こうそくじかん】

就業規則などで定められている、始業時刻から終業時刻までの時間のこと。これの長さは社畜度に比例するともいわれている。休憩時間も拘束時間に含まれる。求人広告の募集要項に明文化されているが、もちろん字面どおりの時刻に終業できるのは最初の数日だけで、ゆくゆくは誰も

が残業を抱えることになり、拘束時間は日を追うごとにズルズルと増えていく。終電ギリギリまで残業しても仕事が追いつかなくなった人たちは、今度は朝早めに出勤し、なんとか抱えている仕事を消化しようと努めることになる。

5S【ごえす】

整理、整頓、清掃、清潔、しつけの5要素の頭文字Sを取り、まとめたもの。業種を問わず、広く職場環境の維持改善に使われる合言葉である。5要素はいずれも日本語であることからわかるように、日本で生まれた概念だが、用語は海外にも広まっており、five Sとして親しまれている。だらしない上司だと、ずっとこればかりをやっていて仕事をしていない。

ゴールデンウィーク
【ごーるでんうぃーく】

毎年4月末から5月初旬にかけての、休日が続く期間のこと。多くの社畜たちにとっては、仕事の遅れを取り戻す期間。行楽なんてとんでもない。連休明けに仕事の進捗をプラマイゼロの地点まで挽回しようと奮闘するのだ。

五月病【ごがつびょう】

おもに新入社員や、4月から部署を異動した人、転職した人がゴールデンウィーク明けごろに発症する、心身の不調のこと。新しい環境に期待し、がんばろうという気持ちはあるものの、現実にはなかなかなじめなかったり、さっそく仕事で壁にぶち当たったりして思うようにいかず、大型連休を機に疲れがどっと出て不眠や食欲不振が起きたり、なんとなく不安を抱えるようになったり、会社に行きたくなくなったりする。「自分は年がら年中会社に行きたくないし、なんか不安だし、あまり眠れないなぁ。万年五月病だ……」と感じる人は、もしかすると初期のうつ病かもしれない。症状が軽いうちに、心療内科を受診してみよう。

ご苦労さまです
【ごくろうさまです】🈂

相手をねぎらう言葉。であるが、基本的には目下の相手をねぎらう言葉であり、まちがっても上司にこの言葉をかけてはならない。目上の人をねぎらうには「お疲れさまです」が正解だ。出入りの業者にも妙に偉そうに聞こえてしまうため使わないほうがいい。

ご査収ください
【ごさしゅうください】🈁

差し上げますから受け取ってください、の意。類義語に「ご高覧ください」「ご笑覧ください」などがあるが、いずれも似たような意味だ。ストレートに「差し上げますから受け取ってください」と言えばそれですむのだが、世のビジネスパーソンはまわりくどい言い回しを好むのだ。ちなみに、Twitterでバズることを夢見る人が、この言葉とともにオモシロ写真を投稿している場面にもよく出くわすが、残念ながらスベッていることのほうが多い。

ご自愛ください
【ごじあいください】🈁

ご自分を大切になさってください、ご自身の健康には十分にお気をつけなさってください、の意。日常のメール、電話、対面でのやりとりでの締めのあいさつにも使われるほか、体調不良のために約束を延ばしてほしい旨の連絡があったときの返しとしても使われる。「お体をご自愛ください」は表現が重複するので誤用。なお、語尾には「ませ」をつけがちである。もちろん相手を思う気持ちは大事なので、意識して使うといい。

5時から男【ごじからおとこ】

バブル期に一世を風靡した、栄養ドリンク・グロンサンのCMキャッチコピー。1988年に流行語大賞・大衆賞を受賞した。字面からは、終業時刻の5時を超えてからが本番！ 残業も目いっぱいがんばる！ という熱血会社員をイメージするかもしれないが、真逆。5時を過ぎた途端に元気になり、会社をさっさと出て夜の街を遊び回る会社員のことを指す。出演していた高田純次のキャラクターも見事にマッチして、CMは大ヒットとなった。ジェンダーレスの今は「5時から女」もいるだろう。

個人情報【こじんじょうほう】

氏名や生年月日、年齢、性別、住所、電話番号、メールアドレス、SNSア

カウント、SNSでのつながり、職場、学校、銀行口座番号、クレジットカード番号といった、個人を特定しうる無数の情報のこと。「家で仕事をしよう」と会社から持ち出した資料のなかに顧客の個人情報が入っており、万が一それを電車のなかに置き忘れようものなら、じつにとんでもない事態に。沿線のすみずみまで探しまわり、見つからなければクビも覚悟しなければならない。昭和～平成初期までは、たとえばプロ野球選手名鑑に住所や家族構成、愛車が載るなど驚くほどにおおらかだったが、2003年に個人情報保護法が成立してからその取り扱いが厳しくなり、流出してしまった際には大ニュースとなる。

コスト意識【こすといしき】

無駄な出費や労力を防ごうとする姿勢のこと。電気をこまめに消す、コピーの裏紙をメモ用紙として活用する、カラーコピーを使う場合はここぞの資料に限定するなど、やたらケチケチする人間は、会社から「キミはコスト意識が高い」と重宝されるようになる。言い換えればこれは、自分が不便をこうむってでも会社の利益確保に貢献する姿勢であり、コスト意識と社畜度は正比例するといっても過言ではない。

コスパ【こすぱ】カ

コストパフォーマンスの略。支払った費用（コスト）に対して得られる成果（パフォーマンス）を比較したもの。安い予算で高い売り上げが出せれば、コスパが良い（高い）と表現される。若い社員は、給料が高いのに大して働かない年配社員を「コスパが悪い」と見ている。一方で年配社員は、ノウハウを伝授したのにすぐ辞めてしまう若手社員の育成は、「コスパが悪い」と感じている。この構図は、太古の昔から1ミリも変わっていない。ちなみにこの本は定価1980円で777語も説明しており、コスパが良い。

ご足労【ごそくろう】言

相手がわざわざ時間をかけて来てくれたことをねぎらい、いたわる言葉。ちなみに、北海道からはるばる東京の会社まで出向き、先方から「ご足労いただきまして……」と言われても、「まったくですよ」という顔をしてはいけない。「いえいえ、こちらこそお時間をいただきましてありがとうございました」と返すのがマナー。コロナ禍で対面のやり取りが減り、この言葉を使う機会は少なくなったが、覚えておきたい。

ゴチになります
【ごちになります】🈁

日本テレビで放送されている人気番組「ぐるぐるナインティナイン」内のコーナー「グルメチキンレース・ゴチになります！」の決めゼリフ。おごられる側がヌケヌケと、堂々と、大声で「ゴチになります！」とお礼を言うさまが気持ちよく、会社でも先輩や上司にご馳走になった際に使われるようになった。番組を知らない上司に使うのは危険。

寿退社【ことぶきたいしゃ】

女性社員が結婚を機に、それまで勤めていた職場を退職すること。女性が管理職になることなどまったく考えられない男性社会だった昭和〜平成初期は、寿退社こそが会社に勤める女性の幸せとされていた。女性の社会進出が進み、幸せのかたちが多様化した現在では、寿退社はむしろ珍しいものとなりつつある。というより、結婚後も働かざるを得ないほどに、十分な給料を出す会社が少なくなっているのかも。

小春日和【こはるびより】

初冬の昼間に日なたで感じられる、穏やかで暖かな、春のような気候の

こと。けっして「春先の穏やかで暖かな陽気」を指すわけではないので注意。知ったかぶって春先にこの言葉を使うと恥をかく。

コピペ【こぴぺ】🈁

コピー＆ペーストの略。パソコンの文書上で範囲指定した部分を複写し、別の場所に貼り付ける操作のこと。文字だけでなく、図や写真にも活用できる。一度つくった資料の一部を使い回したり、先輩がつくったメールのひな形を拝借したりと非常に便利な機能であるが、あまりに便利なためにみんなが多用し、改変しなければいけない部分をそのままにして流用バレバレの企画書を提出してしまったり、ひな形をひな形のまま取引先に送ってしまったりといったトラブルも全国の職場で頻発している。また、インターネット上に掲載されている根拠のないデータをそのままコピペして資料をつくる社員もいるばかりか、それがそのまま通ってしまう会社もあり、大問題になってしまうことも少なくない。

ゴマすり【ごますり】

自分の利益のために、有力者にべったりと付きっ切り、媚びへつらうこと。すり鉢でゴマをすったとき、ゴ

マがすり鉢にべったり張り付くさまに由来する。年功序列、終身雇用が当たり前だった時代は、「一度就職した会社でいかに出世し、生き残るか」が大きなテーマであったため、これは有効な手段であったが、現在では無能な上司にゴマをするよりはさっさと転職したほうが稼げるという考え方が主流のため、見かける機会はめっきり減っている。

コミット【こみっと】 カ

約束する、参加する、関わる、の意。プライベートジム・ライザップのキャッチコピー「結果にコミットする」ですっかり有名になった言葉だ。外資系企業や外国人社長は、冒頭にあげた意味のほか、必達目標の意味でも使い、適用範囲は広い。新しい言葉を覚えたからと、なんでもかんでもこの言葉で表すのは危険。

相手によって受け取り方が変わってくるため注意が必要だ。ちなみに、語感がよく似た言葉のオミットは、除外、無視することを意味する。コミットとオミットはまったく逆。発音に気をつけたい。

コミュニケーション【こみゅにけーしょん】 カ

伝達、通信、意思疎通の意。職場においてはもっとも重要であると誰もが認識していながら、現実には誰もがおろそかにしがちな、不思議なものである。これがないならないで仕事は回るが、その場合はちょっとしたトラブルがたちまち大火事になってしまうことが多い。伝えたと思っていたのに現実には伝わっていないことも多く、その場合は言った言わないの問題に発展する。なお、会話のなかでは「コミニュケーション」という誤った言葉が使われがちなので要注意。野球全盛の昭和の時代には「言葉のキャッチボール」ともいわれた。

コモディティ【こもでぃてぃ】 カ

代替可能な商品のこと。ありていにいえば「どのメーカーのものを買っても大差ない」と思われてしまうような商品のことである。すると商品

を選んでもらう決め手は、価格の安さしかなくなってしまう。こうして価格競争に陥ってしまうことをコモディティ化という。部署内が秀でた能力のないメンバーで占められている場合、誰が引き上げられるかは上司への忠誠度合いで決まるにちがいないと「自分、目立つ能力こそありませんが、なんでもやります！」のアピール合戦となることがある。それを社員のコモディティ化と呼ぶかどうかは定かではない。

ゴルフ【ごるふ】

スコットランドまたはオランダ発祥の紳士のスポーツ。参加者どうしがゆっくり話す時間をもてることから、ビジネスの世界では社内外を問わず親睦を深める手段として使われている。これをとくに接待ゴルフという。役職の低い者、相手に仕事をもらう立場の者は、適度に勝負を盛り上げたうえで最後にちょっとだけ負けるという高度な技術が要求される。休日に大会（コンペ）が開催されることもあり、出世するまでは業務の一環と考えておくほうがよい。

コロナ疑惑【ころなぎわく】

2020年、新型コロナウイルス感染症が日本で流行しはじめた直後に起こった、疑心暗鬼を呼ぶ現象のこと。誰もが未知のウイルスの襲来に恐怖を覚えていた時期に、体調不良で会社を休むと「あの人、コロナなんじゃない……？」と疑われ、でも直接確認するのもはばかられる状況がしばらく続いた。現在は新型コロナウイルスについて理解も進み、感染するのもさほど珍しいことではなくなったため、感染したことをオープンにできる空気となった。そのため、このような疑心暗鬼に悩まされることはなくなっている。

コワーキング【こわーきんぐ】 カ

おもにひとり社長やフリーランサーが、事務所や打ち合わせスペース、会議室などを共有しながら働くスタイルのこと。職場に属さない孤独感を溜め込まずにすむ。群れから離れて独立する道を選びながら、結局は人とつながらずにはいられない、人間の奥深さが見える場でもある。なお、「小ワーキング」ではない。値段はさまざまだが、一日利用で300円程度、月額で1万円程度であることが多い。福利厚生のひとつで「コワーキングスペースを使い放題」をうたっている会社もある。ただ、アルコール飲料を置いていたり、漫画が置いている場合もあるため、誘惑に打ち克つ必要がある。

コンシューマー
【こんしゅーまー】カ

消費者のこと。会議室でしたり顔で
コンシューマーと連発しているあの
人も、取引先に「弊社では新たにコ
ンシューマー向けサービスをはじめ
まして……」と説明するこの人もみ
な、会社を出れば一コンシューマー
である。ちなみに、コンシューマー
が不特定多数の消費者を指すのに対
し、カスタマーという言葉は日ごろ
からつきあいのある取引先などの顧
客を指す。

コンセプト【こんせぷと】カ

そのもの全体を表す基本的な考え
方。商品にしてもプロジェクトにし
てもイベントにしても、これがしっ
かり固まっていないと軸がブレブレ
になり、誰のために何をやっている
のかまったくわからないものができ
あがる。古風なそば屋が急にタピオ
カを売り出したり、萌え擬人化した
イメージキャラクターを押し出しは
じめたりしたら、コンセプトを見失っ
たのだと考えられる。

コンセンサス【こんせんさす】カ

合意、意見の一致、共通認識のこ
と。「先方のコンセンサスをとって

おいて」と言われたら、それは「先
方の了承を取り付けておいて」とい
う意味である。カタカナで言うほど
のことでもないのだが、わざわざ「日
本語で言いましょうよ」と抗うほど
のものでもない。

コンプラ【こんぷら】カ

コンプライアンス（compliance）の
略で、法令遵守の意。もちろん法令
だけでなく、社会的な公序良俗や就
業規則も守る必要がある。テレビタ
レントが「コンプラ的にアウト」な
どと使うことで一般にも浸透した。
さまざまなハラスメントに対する世
間の目は厳しくなっているが、社内
のできごとは外部からは目の届かな
いことが多く、これが守られていな
い会社も依然として多くある。

社畜 ✕ 漫画

サラリーマン金太郎

本宮ひろ志／作
集英社
1994年

主人公の矢島金太郎は、暴走族集団・八州連合の元ヘッド。先立った妻の故郷で漁師として暮らしているなか、偶然、事故に遭って漂流していたヤマト建設の会長・大和守之助を救う。これがきっかけで金太郎はヤマト建設に入社するが、じつはヤマト建設は、官僚から天下りしてきた大島社長による横暴なふるまいが幅を利かせている問題だらけの会社なのだった。大和会長や創業時からの叩き上げメンバーの黒川専務は大島によって退陣を迫られていたが、金太郎は退陣を阻止すべく動き出す。会社員としての常識にとらわれない金太郎の言動がひたすらに痛快。物語は「マネーウォーズ編」「新サラリーマン金太郎編」「五十歳編」と続く。

社畜 ✕ 思想書

資本論

カール・マルクス／著
Verlag von Otto Meisner
1867年

プロイセン王国出身の哲学者、経済学者であるカール・マルクスによる評論。資本主義経済の運動法則を理論と歴史の両面から分析し、「資本主義社会のもとでは、資本家にならないと豊かになれない。労働力を提供する労働者は、資本家を豊かにするために必要以上に働かされるばかりで、自身は豊かになれない」と主張。そこから「社会主義がいかにすぐれているか」を証明しようとした。のちの経済学と社会主義運動に大きな影響を与えた書物である。全3巻からなり、第1巻はマルクス自身の手によって執筆されたが、第2巻、第3巻はマルクスの死後、盟友であったフリードリヒ・エンゲルスによって遺稿が整理、編纂され、刊行された。

さ行

査定に悩む人は多い。上司や人事部などによる評価に、一喜一憂する必要はない。自分自身がどう仕事に向き合い、どうがんばっているかを正しくジャッジできればいいじゃないか。査定に振り回されると、すぐに社畜化する。

サービス残業
【さーびすざんぎょう】

法律で定められている割増賃金が支払われない時間外労働（残業や休日出勤）のこと。略してサビ残。これをやると社畜認定される。終業時刻にタイムカードを押させ、その後も会社に残って残業させるものだ。残業の記録は残らないので残業代は支払われず、めでたくサービス残業の完成となる。なお、社員が自発的にサービス残業をした場合でも会社に罰則が適用される点は、あまり知られていない。「お前の仕事の進め方が悪いから残業が発生したんだろ？サービス残業で当然じゃないか」と言われて「そうか、自分が悪かった。仕方ないな」と思った場合でも、これは罪となる可能性があるのだ。あまりにもつらくなったなら、近くの労働基準監督署に相談に行こう。

最大公約数【さいだいこうやくすう】

ふたつ以上の自然数に共通する約数のうち最大のもの。意識の高いビジネスパーソンはこれをふたつ以上のもののあいだに見いだせる共通点という意味で使う。会議参加者それぞれの意見が共通している部分や、利害関係者それぞれが共通に得られる利益を指す。議論が行きづまったとき、これをとって決着させるのがもっとも平和的だが、さんざん話し合った割には得られる利益は少なくなる。

在宅手当【ざいたくてあて】制

社員が在宅勤務で必要な設備や環境を整えるために、企業が支給する手当。在宅勤務手当ともいう。コロナ禍で導入する会社が一気に増えた。ただし毎月数百円しか支給しない会社もあり、在宅勤務に必要な設備や環境をすべてまかなえるのか……？となることもある。

裁量【さいりょう】

自分の意見で判断し、処理する権限のこと。「ボクは一般社員でありながら、大きな裁量を与えられている。部下までいるんだ」。……単に会社が本来与えるべきポストや給与、手当を出していないだけかも。

搾取【さくしゅ】

文字どおり、搾り取ること。転じて、世の中においてすでに貧しい者からさらに金品や労力、時間を搾り取ることを指す。近年話題になっているやりがい搾取とは、料理人や教師、漫画家、芸術家など、子どものころからのあこがれを集めやすい業界で、「ほら、昔からの夢だったこの仕事に就けたよ」というやりがいを押しつけ、低賃金で、必要な労働時間以上に働かせることをいう。「大切なのはお金ばかりじゃない」が搾取する側の常套句で、やりがいや感謝の大切さにスポットライトを当てて低賃金をごまかす事例が多い。やりがいは大事だが、それとお金とは別問題ということは、あまり認知されていない。

刺さる【ささる】

ビジネスにおいては、心に強い刺激を受けることや、強く印象に残ることを表す。なんとなくこれはいい！これはよくない！　と評価したいけれど、具体的な言葉がうまく思い浮かばないときに、「これは刺さるねぇ！」「なんか刺さらないんだよなぁ……」などと使われる。「響く」よりさらに強い表現である。次回修正のアドバイスとして「もっと刺さるキャッチコピーを」などと提示されることもあるが、やはりどこをどうすれば刺さるのかは見えないため、修正する側は苦しむことになる。言われる側になると厄介だが、こちらが使う分にはとても便利な言葉だ。

サステナビリティ
【さすてなびりてぃ】 カ

あらゆるものの持続可能性のこと。ビジネスの世界でよく使われるサステナビリティ経営とは、環境・社会・経済などにおいて、この先も延々と持続可能な状態を実現する経営を指す。自分さえよければいい、今さえよければいいという考えではなく、業界のこと、日本社会のこと、地球全体のこと、今後のことを考えよう……ということなのだが、年金問題をはじめとして、すでに先人たちの

ツケを払わされはじめている現役世代にはそんな余裕はなかったりする。コンサルタントの口車に乗せられ、意味もわからずに経営陣がこの言葉を使っている会社は、持続可能性が低い。

させていただく
【させていただく】🈁

「こちらでやります」、あるいは「おかげさまで成し遂げることができました」のへりくだった表現。「責任をもって発送させていただきます」「今年度の営業ナンバーワンをとらせていただきました」などさまざまなバリエーションがあり、芸能人が「おつきあいさせていただいた方と入籍しました」と謙虚さアピールでよく使う。厳密にいえば二重敬語であり、誤用となる。

左遷【させん】

それまでの扱いとは一転して、低い役職に配置転換したり、能力に見合わない業務を与えたりすること。地方への転勤を指す場合もある。噂話で「〇〇部長は飛ばされた」と耳にした場合、「飛ばされた」は左遷と考えてまちがいない。派閥争いで敗れたり、異性問題で派手にやらかしてしまったり、パワハラ、セクハラ

が発覚したり、酒の席で大失態を犯してしまったりと、この扱いを受ける人には相応の理由がある。同じ転勤でも、栄転とは大ちがい。

ざっくり【ざっくり】

「ざくり」を強めた表現で、刃物で深く切りつけたりするさまを指す。切り分けられたものの断面が粗いことから転じて、「だいたい」の意味で浸透している。「今回の予算は、ざっくり見積もって50万円です」のように使われる。本来はくだけた表現なので、目上の人や取引先に対しては「大まかに」を使うのが正解。

雑談【ざつだん】

とくにテーマの決まっていない、とりとめのない話。「無駄話」をプラスイメージで言い換えた言葉。社会ではやけに重要視されるものであり、会議の待ち時間やエレベーター内、喫煙所、外出先の電車でばったり会ったときなど、雑談ができる人は重宝される傾向にある。テレワークが主流となった企業では、わざわざこれを増やそうと、ビデオ会議システムに雑談部屋なるものをつくり、休憩時間はそこに入ることを求めるところまであるという。

さとり世代【さとりせだい】

明確な年代の定義はないが、おもに1987年から2004年生まれの人を指す。悟るとは、自分の運命を静かに察知すること。幼少期から世の中が不景気であり、それが長く続いたため、社会の厳しさ、冷たさを実感していてまるで悟りを開いているように見えるためにこう呼ばれる。今まさに現役ど真ん中、社畜の大多数を占めている世代である。

サブロク協定【さぶろくきょうてい】制

「時間外・休日労働に関する協定届」のこと。労働基準法第36条が根拠になっていることからこう呼ばれる。労働基準法では1日あたり、1週間あたりの労働時間、休日日数が決め

られており、これを超えて時間外労働や休日労働をさせる場合には、あらかじめサブロク協定を締結し、労働基準監督署に届け出なければならない。会社・社員ともに知らなかったではすまされないものであり、社畜化しないためにも、ぜひとも知っておきたい取り決めである。必ず確認を。

差別化【さべつか】

同じカテゴリーで競争することになる他社商品と比較し、自社商品が選ばれる理由をつくりだすこと。これを考えざるを得ないということは、そもそも他社のパクリから商品づくりが始まっていることが多い。無理やり差別化したあまり、類似品より不便になってしまう商品も散見される。この言葉は「意識高い系」のビジネスパーソンがよく使うが、その時点で他人と差別化できていない。

サマータイム【さまーたいむ】カ

夏時間。日の出の時刻が早まる時期に、時計の針を1時間進め、太陽の出ている時間帯を有効に利用すること。日本ではなじみが薄いが、欧米ではすでに広く導入されており、たとえばアメリカ、カナダ、メキシコでは、3月第2日曜の午前2時から

11月第1日曜の午前2時まで、通常時間より1時間早く時計が進むことになる。ちなみに日本の会社でも、夏になると夕方前から「打ち合わせ直帰」とホワイトボードに書き込んでいそいそと外出する人が増えるが、これはサマータイムではなく、単に打ち合わせ相手と飲みにいくだけである。

サマリー【さまりー】🄒

会議の議事録やプレゼン資料の要点を簡潔にまとめたもののこと。上司は忙しく、すべての会議に出たり、議事録を全部読んだりはできない(あるいは、できるけれどめんどうくさい)。そこで上司は「サマリーつくって」と、部下に頼む。「すべての情報を与えねば」と気合いを入れて細かなサマリーをつくると、大元の議事録や資料とそっくりになってしまう。不要な部分をバッサリ切る勇気が必要だ。

五月雨【さみだれ】

梅雨どきの雨のこと。だらだらと降り続いたり、少し途切れたと思ったらまた降りはじめたりする様子から、細切れに少しずつ何かをすることを五月雨式と呼ぶ。たとえば相手からの返信を待たずに状況報告を淡々と

メールで送り続けることも五月雨式ならば、少しずつ納品することも五月雨式だ。また、締め切りまでに終えられなかった場合のごまかしとしても、五月雨式の納品は有効。

左様ですか【さようですか】🗨

「そうですか」の謙譲語。厳密にいえば、目上の相手が話しているときの相づちには「そうですか」ではなくこの語を使うのが正しいのだが、あまりにも「左様ですか」を連発するとかえって嫌われる。「はい……はい……はい……左様ですか……はい……はい」と、3はいに対して1左様ですかくらいがちょうどいい。

サラメシ【さらめし】

NHKで放送されているバラエティ番組。「サラリーマンの昼飯」の略語であり、市井のビジネスパーソンたちが愛するさまざまなお店のランチや、企業の社員食堂などを紹介する。単においしいものを紹介するグルメ番組とは一線を画し、出演するビジネスパーソンたちが、忙しく働くなかでランチの時間をどれほど楽しみにしているかが、中井貴一のナレーションで明快に表現されている。ただし、番組に登場した店はもれなく混む。

ザル【ざる】

チェックが粗く、ミスや問題点も素通りさせてしまうこと。「あいつのチェックはザルだ」などと使う。しかし、ときにはザルなチェックをする人にチェックをお願いせざるを得ないこともあり、そんなときはさらなるチェックが必要になる。

産業医【さんぎょうい】人

職場における従業員の健康管理について、専門的な立場から指導や助言を行う医師のこと。働き方改革関連法が施行されたことによって法律上の権限が強化され、その存在感はより大きくなりつつある。従業員が抱えているストレスの大きさまでチェックしてくれるようになった。理不尽な待遇に悩む社畜にとっては、唯一ともいえる心強い味方。強いストレスを抱えているなら、遠慮せずに相談しよう。

残業自慢【ざんぎょうじまん】

自分がいかに長い時間残業しているか、過労死ラインを超えても身体を壊すことなく、いかにタフであるかを自慢すること。異業種交流会では、ほかの業種の人に対して（あるいは、男性が女性に対して）、社内

の飲み会では先輩が後輩に対して行っているのをよく目にする。いずれの場合も「すごいですねー」と返すのが無難であるが、自分がいかに社畜であるかをさらけ出しているに過ぎないので、みっともない。

残業手当【ざんぎょうてあて】制

法定労働時間である1日8時間、または週40時間を超えて労働したときに支払われる割増賃金のこと。これがおこづかいの源泉になっているビジネスパーソンは多い。労働基準法では、通常の賃金より25％割増した額を支払うよう定められている。加えて、午後10時から翌日午前5時まで労働した場合には、深夜割増としてさらに25％割増した賃金を支払うよう定められている。このように細かな決まりはあるものの、実体のと

もなわない裁量労働制やサービス残業の横行で、実際に働いた時間そのままに支払われるケースは少ない。

3高【さんこう】

高学歴、高収入、高身長がそろった男性のこと。バブル全盛期の1980年代、女性は結婚相手の条件として、異口同音に話していた言葉だ。当時は大変な流行語となったが、今や完全な死語となっている。ちなみに、バブルを謳歌した60代以上の男性はよく、「オレは高血圧、高血糖、高尿酸値の3高だ」と言うが、もともとの3高が死語となった今は、このギャグもスベりがち。

三下【さんした】

仲間うちでいちばん下っ端の者のこと。取るに足らない有象無象を指す

社長　部長　課長　主任　新人

ときにも使われる。もともとは博打を打つ仲間うちで使われていた言葉だったが、今では広く使われるようになった。語源は、丁半博打では、振られて出たサイコロの目の数が3より下だったら勝ち目がないことから。会社においてはもちろん、有力者のご機嫌を取り、ときとしてパシリに使われる。

サンモニ【さんもに】

TBS系列で毎週日曜朝に放送されている情報番組「サンデーモーニング」の略。1987年の放送開始以来、一貫して関口宏が総合司会を務めており、同一司会者による報道番組としては異例の長寿をほこる。出演者の過激な発言によってときどきSNSでは炎上するが、それも視聴率の高さの裏返しである。40歳以上の社会人男性はほぼ見ているといっても過言ではないので、月曜日の会話のネタのためにチェックしておいて損はない番組だ。

CSR【しーえすあーる】 カ

Corporate Social Responsibility の略で、企業の社会的責任の意。自社の利益を追求するだけでなく、あらゆる利害関係者からの要求に対して適切な意思決定をすべきであるとい

う、企業のあるべき姿勢を示している。社畜が会社なしでは生きていけないように、企業もまた、消費者や株主、地域社会なしでは生きていけないわけで、さまざまな利害関係者に目配せをし、配慮しながら経営をしていくことを求められるのは自然なことであるといえる。

CCに入れる
【しーしーにいれる】 カ

CCとはカーボン・コピー（Carbon Copy）の略で、入れるとは「○○する」こと。アドレスには、TO（宛先）とまったく同じメールが送信される。上司から「CCにオレを入れておいて」と言われたら、「メールの内容を確認したい」「先方に、上司も了承ずみのメールを送っている旨を伝えたい」という意図がある。なんでもかんでも上司をCCに入れてしまうと、ひとりで仕事ができない無能だと先方にも上司にも思われてしまうので要注意。

C○O 【しーまるおー】 カ

会社の偉い人につきがちな肩書きのこと。多くのC○Oポストが用意され、社内の序列がよくわからないことになっている会社もある。

CEO（Chief Executive Officer：最高経営責任者） ……会社経営の全責任を負い、最終的な経営判断を下す人。

COO（Chief Operating Officer：最高執行責任者） ……CEOにつぐ、会社のナンバー2。CEOが下した経営判断を執行する責任者。

CFO（Chief Financial Officer：最高財務責任者） ……予算やコスト、資金調達の責任者。

CTO（Chief Technical Officer：最高技術責任者） ……技術部門、開発部門の最高責任者。

CMO（Chief Marketing Officer：最高マーケティング責任者） ……マーケティング強化、ブランディング強化の責任者。

ジェネラリスト
【じぇねらりすと】 人 カ

広範囲にわたって知識や技術を有する人のこと。特定の分野について膨大な知識をもち、強大な力を発するスペシャリストとは対極的な特性がある。管理職向きだが物静かな職人気質的、スペシャリスト的働き方を美しいとしてきた日本にあって、知識や技術を広く浅くもつ人は、「器用貧乏」と呼ばれて長く不遇の時代を過ごしていた。しかし国内需要の広がりに限界が見えてきたころから様相は一変。世の中を広くとらえ、

柔軟に活路を見いだすことのできるジェネラリストの存在感が増してきている。

資格試験【しかくしけん】

資格を取得するために受ける試験。何かの資格を取得することが目的になっている資格マニアから、会社で出世するために必要不可欠の資格を取得しようと受験する者、なんとなく手に職をつけたいから受験する者など、受験者の事情もまたさまざまである。「自分は社畜でない」と思い込むための現実逃避策でもある。業務に関連する資格を取ると手当が出る会社も多い。

自己開示【じこかいじ】

自分のプライベートな情報を、あえ

て相手に話すこと。相手からの信頼を得て、仲を深めるために必要な要素とされるが、単なる自分語りや悪趣味をさらすことになってしまい、かえって信頼感を損なう事例も散見される。

自己管理【じこかんり】

自分で自分を管理すること。セルフマネジメントともいう。管理の対象には、健康、感情、仕事の進捗、個人的目標（筋トレ、ダイエット、資格取得、貯金など）への努力など、さまざまなものが含まれる。ビジネスパーソンに必要な能力のひとつとされ、自身の仕事における各分野の目標やそこまでの到達度を記すセルフマネジメントシートなるものを提出させる会社もあるというが、それは果たして本当に自己管理といえるのだろうか……？　答えは誰にもわからない。

自己犠牲【じこぎせい】

自分の時間、労力、利益を犠牲にして、他者に貢献する姿勢のこと。会社が全社員に求める姿勢ではあるが、なぜか自分勝手なスタンドプレーに走った者が高く評価されることのほうが多い。気持ちや言動はそうあるべきかもしれないが、評価さ

れなければ自分にやさしくしたほうがよい。「滅私奉公」も似たような意味で使われる。

自己啓発本
【じこけいはつぼん】物

人生の成功法則を説き、読者のポテンシャルを引き出すべくつくられた本。医学的見地、科学的見地から語られるものから、非科学的でスピリチュアル要素の強いものまで玉石混交である。読後に「自分はできる！」という気分に浸るものの、翌日あっさりはね返されてしまうケースも多いが、ついつい手にとってしまいがち。スポーツ選手も愛読していることから、効果は本人次第といえる。

自己肯定感【じhere こうていかん】

「自分という人間は、これでいいのだ」とポジティブにとらえる感情のこと。これが高い人はストレス耐性が高く、少々の理不尽な叱責やクレームには動じない。また、どんな状況でも前向きにとらえることができるのも自己肯定感が高い人の特徴で、とにかく逆境やピンチに強い。なお、会議で居眠りをしても、業務成績が伸びなくても、「これでいいのだ」と考える人がいるが、これはただ無反省なだけである。

自己効力感【じこうりょくかん】

「自分は目標を達成できる」「任務を遂行できる」という、確固たる自信のこと。ちなみに自己肯定感は「ありのままの自分を受け入れること」であり、両者には明確な違いがある。ひとつの成功体験が自己効力感を生み、それが次の成功をもたらし……と好循環に入っていくとビジネスパーソンとしては成長する。ただ、チヤホヤされて働きすぎたあげく、社畜化するおそれもある。そのため、いかなるときも自分を見つめる必要がある。

事後処理【じごしょり】

ものごとが終わったあとの対応のこと。うまく終わった場合、処理しなければいけない事項はそうそう生じないわけで、何かしらのトラブルが起こった案件の後始末を指すことが圧倒的に多い。どんなに仕事ができる社員も、一時的に社畜化する。トラブルの予兆は早めに見えることが多いため、大事にならないうちに収めようとトラブル処理班（爆弾処理班とも呼ばれる）が投入されるのだが、それでも力およばず爆発してしまった場合、みんなで事後処理に当たることになる。

自己点検【じこてんけん】

自分の行いが、法律や法令、会社の就業規則に遵守しているかを自分でチェックすること。会社からあらかじめチェックシートが配布されており、自分の行動を振り返りながら、該当する項目にレ点を打っていくのが一般的な流れだ。人事面談で使用されることもあり、ボーナスなどに影響するためチェック項目を見ずに上から下までレ点をつけまくるようなことがあってはならない。

仕事抜きで【しごとぬきで】 言

アパレルショップの店員や営業マンが商品をすすめるときの常套句。「この靴、仕事抜きでおすすめですよ。私もプライベートで一足持ってます」なんて声をかけてくる靴屋の店員がいるが、「いや、あなたは靴を売るのが仕事で、それは完全なセールストークだろう」とツッコみたくなる。また、平日忙しすぎる取引先の社畜と意気投合し、「休日に仕事抜きで食事でも」と誘われることがある。楽しくもむなしい一日になるだろう。

仕事始め【しごとはじめ】 行

新年になって、はじめて仕事をする日のこと。社員全員での初詣が恒例になっている会社もある。仕事が本格的に稼働することは少なく、だいたいは取引先へのあいさつ回りと、会社に届いた社員宛の年賀状の分配で一日が終わる。バタバタしているのかのんびりしているのかよくわからない一日である。

自己評価【じこひょうか】

自分で自分の評価をすること。人事評価の指標のひとつに設定している会社が多く、今後の給与や出世に影響する重要なものである。人によって、自分に甘すぎたり、厳しすぎたりと差が生まれやすいのがこの評価手法の特徴で、謙虚すぎる人はかえって損をする傾向にある。しかし社畜は総じて低めの傾向にある。黙っていても、誰かからは必ず厳しい評価をされてしまうのが社会人な

のだから、自分のことくらいは自分でほめてあげるようにしたい。

指示待ち【しじまち】

上司からの指示がないと何もしないこと、もしくは何もできない部下のこと。仕事にも会社にもまわりの人にも興味がなく、ただ「言われたことだけやって給料をもらえていればそれでいいや」と考えている人は意外と多い。一方、上司の指示を待たず、確認もせず、どんどんやりたいように仕事を進めてしまうのもそれはそれで問題で、そのような人は上司からは「勝手に動くな。指示を待て」と叱られることになる。

時代性【じだいせい】

その時代らしさ。基本的には、不景気、少子高齢化、コロナ禍などのネガティブな状況下を指し、業績が思うように伸びない言い訳として使われることが多い。会話では「こういう時代ですから……」というかたちでよく使われる。うまくいかないことは何もかも時代のせいにできるので、便利な言葉だ。

下請法【したうけほう】制

下請代金支払遅延等防止法の略称。

発注者が受注事業者に対して、不当に商品やサービスの代金を減額したり、不当に返品をしたり、支払いの遅延をしたりするのを禁止するための法律。仮にこの法律に違反していないとしても、上司にヘコヘコしていながら下請け業者に偉そうにするような社員は最低なので、態度を改めたほうがよい。

下積み【したづみ】

経験が浅く表舞台に立つことを許されず、自分の能力を発揮できないような地位や立場に留まっている期間。一般的には、芸事や職人の世界における修行期間を指す。近年は下積み不要論も出てきており、不当に表舞台に立たせない日本の伝統的芸能社会、職人社会はブラックな職場の典型ではないかとの声もある。だが、下積みで習得するもっとも大きなものは能力や技術ではなく、信用であることを忘れてはならない。裏を返せば、どんなにブラックな環境でもけっして辞めない我慢強い人間は、たとえ能力がなくても信用され、重宝されるということでもある。

実家暮らし【じっかぐらし】

実家で暮らしていること。または、実家で暮らしている人のこと。お金

は貯まる一方だが、これに対する世間の目は厳しく、とくに切実な理由もなく実家暮らしをしている人は、自立していない、いつまでも親を頼っているという目で見られてしまう。2000年代前半には、社会人になっても実家暮らしを続け、衣食住を親に依存している未婚者をパラサイトシングルと呼び軽蔑する風潮があった。現在、その呼び名は廃れつつあるが、基本的な見方は変わっていないといえる。

失念【しつねん】 🈁

忘れること。「いやーすみません、忘れてました」と言うとデキないビジネスパーソン臭が漂ってしまうが、「申し訳ありません。失念しておりました」と言うと、物忘れをしてもなおしっかり者のイメージを保てる。

失敗【しっぱい】

ものごとをやり損ない、目的を達成できないこと。よく「失敗を恐れるな。失敗を恐れ、何もしないことこそが失敗だ」と部下を叱る熱い上司がいるが、そんな人ほど、いざ部下が失敗すると「何をやっているんだ！」と厳しく叱責する傾向にある。失敗を恐れない文化をつくるには、会社や上司の包容力と忍耐力が必要になる。一方で若者は、会社や上司の包容力を信じ、思い切り失敗してやろうと意気込むくらいのチャレンジ精神が必要。失敗しても命は取られないし、よっぽどのことがなければクビにはならない。ただし同じ失敗をくり返すのはNG。

失敗自慢【しっぱいじまん】

自分が犯した失敗を自慢すること。既出「残業自慢」と同じく、異業種交流会や非公式の社内飲み会でよく披露される傾向にある。「失敗はのちに笑い話となる」という言葉があるとおり、たいていは「あのときはさすがに終わったと思ったね」という笑い話として、あるいは武勇伝として語られる。しかしたまに、会社に多大な損害を出したり、人の人生をめちゃくちゃにしたりしたような失敗をさも「オレ、すごいだろ」と

いう雰囲気で語る人がいて、翌日から静かに距離を置かれることになる。なお、業務時間中に上司から失敗話を聞かされる場合、指導の一環か、雑談なのかの見極めは難しい。

質問ありますか?
【しつもんありますか?】🈁

採用面接で使われ、「社員のみなさんは、どういう点にやりがいを感じているのでしょうか?」とか、「入社までに準備しておくことはなんですか」など、積極的な質問が出てくる。会社では、会議の最終盤にさしかかったとき、司会から投げかけられる言葉。多くの場合、質問はあがらない。おもに、司会役が会議を終わらせる際の合図、社交辞令として使われる。

実力主義【じつりょくしゅぎ】

組織のなかで役職や賃金などを決定する際、実際の能力や仕事の成果を重視する評価手法を指す。成果主義とも呼ばれる。勤続年数や年齢を重視する考え方である年功序列とは対極にある評価手法だ。結果を出せば出すだけ評価が上がるため、働くモチベーションが高まりやすいのがメリットだが、オフィスがギスギスとした雰囲気になりがちというデメ

リットもある。のんびり型の社員は能力の高い後輩に抜かされることに恐れおののき、バリバリ型の社員は社内の全員を敵だと考え働きまくる。どちらにしても、社畜が生まれやすい評価手法かもしれない。

自転車操業
【じてんしゃそうぎょう】

ある貸金業者からの借金を返済するために、別の貸金業者から借金をすることをくり返しながら命をつなぐこと。自転車が走るのをやめてしまうと倒れてしまうように、借金の回転をやめると倒産してしまうさまから、こう呼ばれるようになった。誰が見ても、傷口をじわじわと、しかし確実に広げている状況であり、やめたほうがいいのは明白なのだが、前述のとおり、やめたら即、倒産することは目に見えているため、やめたくてもやめられない。もちろんこれは会社のみならず、個人にも起こりうることであり、キャッシングが常態化しているような財政状況の人にとって他人事ではない言葉である。

シナジー【しなじー】🈎

相乗効果の意。俗にいう「1 + 1が3にも4にもなるね」の状態のことである。複数の部署が連携したり、

複数の会社が連携したりして、それぞれ単独で仕事をするよりも大きな成果を得ることを狙うときに使う。効果のほどはよくわからないけれど協力を取り付けたいときには有効な言葉だ。ちなみにマイナス方面の相乗効果をアナジー効果といい、こちらは1＋1が－1にも－2にもなる状況を指す。

地ならし【じならし】

地面の凸凹をなくし、平面にすること。転じて、仕事をスムーズに進めるために、あらかじめ準備や調整をしておくことを指す。コミュニケーション能力に長けた人が行うべき仕事であり、慣れない人がやるとかえって凸凹が大きくなって、何もしないほうがスムーズにことが運んだということになりかねない。一般的には上司の仕事だが、上司ができない人だと下の者が苦労する。

始発【しはつ】

飛行機、電車、バスといった公共交通機関の始発便のこと。乗っているのはおもに、夜の世界に生きている人や疲れたビジネスパーソン、遠方の現場に向かうガテン系の人で、意外と混んでいる。仕事でせっぱつまったとき、夜を徹して働いた帰り

の電車としてよく使われるほか、残業や飲み会で終電を逃した際の帰宅手段としても重宝される。

辞表【じひょう】物

公務員や社長をはじめとする会社役員が、職を辞する決意をしたときに届け出る書類。多くの会社員にとっては縁のない書類であり、「オレ、辞表を出したわー」と言っている会社員がいたらそれはまちがいで、彼が出したのは辞表ではなく退職願もしくは退職届である。

自分探し【じぶんさがし】

これまでの自分の生き方を見つめ直し、新たな自分を探し求めること。学校を卒業してから、20代を社畜として猛然と働いて過ごしてきた人

が、30代を前にして次のあてもなく会社を辞め、自分探しのための旅に出がちである。ただし、新たな自分を見つけて旅から帰ってきた例は少ない。なお、就職・転職活動においては、自分の価値観・能力・適性などを正しく把握するための自己分析が必要である。

自分へのごほうび
【じぶんへのごほうび】

いつもがんばっている自分をいたわり、ねぎらう意味で、大きな出費をして贅沢すること。豪華な食事をしたり、高くて手が出なかったものを買ったり、趣味で豪遊したりするなどがごほうびの例である。まわりから見て、そんなにがんばっているようには見えない人ほど、自分へのごほうびの頻度は多く、出費も大きい傾向にある。

自分への投資
【じぶんへのとうし】

自身の能力を高めるための出費のこと。自己投資ともいう。本を買ったり、セミナーを受けたり、お金を払って、仕事や将来に役立つなんらかの体験をしたりするのが主となる。自分への投資と自分へのごほうびがごっちゃとなり、「これは自分への

投資♪」と言いながら単に自分を甘やかすだけで終わっている人も少なくない。

自分磨き【じぶんみがき】

自分探しをして見つけた理想の自分像を目指し、自分への投資を行ないながら努力すること。勉強、ジム通い、節制のほか、まわりの人への接し方を変えてみたりするなど、ありとあらゆることが自分磨きの対象となる。生活が充実し、それが雰囲気に顕著に出るため、会社では「○○さんって……何かいいことあったの？」とザワつくこともしばしばある。

始末書【しまつしょ】物

起こしてしまった過失や事故を詫びるため、ことの一部始終を書き記して提出する書類。事実を簡潔に伝える顛末書とはちがい、求められているものは当事者の反省と謝罪である。起こした問題については簡潔にまとめ、自分がいかに反省しているか、申し訳なく思っているか、二度と同じ問題を起こすまいと強く考えているかを余すところなく記すのが望ましい。社内にはまれに、始末書を書き慣れている始末書マイスターが存在する。困ったときはその人に書き方を習うとよい。

社会人基礎力
【しゃかいじんきそりょく】

「職場や地域社会で多様な人々と仕事をしていくために必要な基礎的な力」として、経済産業省が2006年より提唱している言葉。たとえば、会社のなかでこの力を問われるのは、書類を渡すときだ。「かさばる書類はクリップでまとめる」「相手が文字を読みやすい向きにする」など、相手に手間をかけさせないひと工夫ができる能力ともいえる。基本的には、自分で身につけなければならない。この能力がないとつまずくことが増え、会社で生きづらくなる。

社会の窓【しゃかいのまど】

ズボンの前にあるファスナーのこと。1948〜60年にNHKラジオで放送されていた番組「社会の窓」に由来する。この番組は社会の内情をあぶり出す番組であったことから、男性にとって大事な部分が隠されているファスナーを社会の窓と呼ぶようになった。ただし、「社会の窓が開いていますよ」と指摘しても、年輩者にしか伝わらない。

社食【しゃしょく】

社員食堂の略。「安い、早い、ただし味が濃すぎる（もしくは薄すぎる）」が定番である。4月は新入社員が席を占領しがちで、先輩たちはそれを疎ましく思いながら外へとくり出していくことになる。「社食はタダ」「90％割引」「栄養バランスを考慮」など福利厚生のアピール材料として使われることもある。

ジャストアイデア
【じゃすとあいであ】カ

直訳そのまま、単なる思いつきの意である。「思いつきだけどね」と言いながら案を出すと無責任なヤツだと思われるが、「これはジャストアイデアなんだけど……」と言いながら案を出すと、なぜか肯定的にとらえてもらえる。また、自分が出した無責任な案がやけに高評価を得てしまい、このままでは言い出しっぺの

自分が責任者になってしまいそうだと危機感を覚えたときに「まあジャストアイデアなんだけどね」と自分の案を打ち消すときにも使う。上司がこれを言い出すと、意味のないリサーチ仕事が増える。

社是【しゃぜ】

会社の経営方針を表した言葉。すべての社員はこれを目指して働くべきであるという明確な方向性であり、社員に植えつけるために毎朝、朝礼で音読させる会社も多い。しかし「挑戦」「創造」「成長」「やりがい」といった漠然とした言葉が使われがちであり、がんばって目指そうにも具体的には何をすれば？　と迷いながら働いている社員は意外と多い。

社長案件【しゃちょうあんけん】

社長から直接下りてきた案件のこと。通常の指揮命令系統とは異なり、社長が直属の上司となる。いかにもドラマの主人公に任されるような、会社にとって重要な任務であるように思えるかもしれないが、じつのところは社長の思いつきによる業務だったり、大変な割に実入りの少ない業務だったりする。社内、社外に向けて、強引に人を動かすときにも使われる。

社長様【しゃちょうさま】🈂

飛び込みの営業マンが、会社の受付や電話で社長へのアポを求めて使う言葉。「社長様はいらっしゃいますでしょうか？」。ほとんどの場合、「お約束はありますでしょうか？」と返され、撃沈する。ダイレクトメールや営業メールでもしばしば見かける。なお「社長様」は敬称に敬称を重ねた二重敬語であり、誤用。「○○社長はいらっしゃいますか？」でよい。社長くらいの立場にある人からすれば、このような言葉遣いをする営業マンとは仕事をしたくない。

社内結婚【しゃないけっこん】

同じ会社の社員どうしが結婚すること。めでたい話であるが、隠れて恋愛をしていた場合には、その事実が白日の下にさらされてしまうため、必要以上に好奇の目で見られてしまうことも。結婚式は同僚や上司が集う一大イベントとなりがちで、盛り上がりたがりの重役たちをなだめ、参加人数を極力抑えた穏やかな式にするために新郎新婦は苦労する。万が一にも離婚した場合には、本人ばかりかまわりも気まずい思いをする。なお、同じ部署内で結婚すると、どちらかはたいてい異動する。

社内コンペ【しゃないこんぺ】行

社内で企画やデザイン、キャッチコピーなどを募集し、優劣を競うこと。コンペとはコンペティション（competition）の略であり、競争や競技会を意味する。優勝者や優勝チームに金一封が出るほか、その後の出世レースでも大きく有利に働くことが多い。全員が全員、前向きならばすばらしい競争となるが、「とりあえず提出しとけばいいんでしょ」的な社員ばかりだと、大凡戦となる。

社内報【しゃないほう】物

会社の理念や社内情報、社員紹介などを発信する自社媒体のこと。長らく紙での配布が主流だったが、近年はウェブでの社員限定公開の形式をとる会社も増えてきている。忙しく仕事をしているときに無造作に配られ、たいていは読まれることなく捨てられていたので、紙からウェブへの移行は大正解かもしれない。

視野に入れる
【しゃにいれる】言

目標や方針として公式に宣言するわけではないが、「できれば叶ったらうれしいなと考えている展望」を表現するときに使う言葉。「売上倍増も視野に入れつつ」「海外展開も視野に入れつつ」のように使う。どんな夢物語を語ろうと、たいていは許される。というより、聞き流される。

遮二無二【しゃにむに】

後先を考えず、ただ目の前にある仕事に一心不乱に取り組む様子。取り組む方向性が正しい場合にはとんでもなく大きな力となるが、まちがっている場合にはまわりを巻き込んで大きなロスを生むことになる。「無能な働き者が一番迷惑」とはよく言ったもの。一心不乱に取り組む前に、まずは上司や同僚と方向性の確認を行うようにしたい。

ジャブを打つ【じゃぶをうつ】

相手を牽制すること。ジャブとはボクシングにおいて、相手を倒す目的

ではなく、距離感を測ったり牽制したり、次に打つ強いパンチの布石として打ったりする弱めのパンチのこと。転じてビジネスの世界では、おたがいの本心を探り合おうとしつつもおたがいが警戒して当たり障りのない話題に終始したり、一方がカマをかけつつも、もう一方がのらりくらりとかわしたりする攻防を指す。難敵になればなるほど決定打を出すタイミングが難しいのは、ビジネスもボクシングも変わらない。

社用車【しゃようしゃ】

会社が所有し、業務用として使う車。運送用トラックや営業車はもちろん、社長や重要な顧客を送迎するための車もこれに含まれる。ひとたび登録されれば、車の購入費用だけではなく、付随するガソリン代や自動車税、自動車保険料、車検費用、修理費用、駐車場代なども経費に含まれるため、社長がほぼ個人的に使用する車もなぜかこの扱いになることが多い。社用車のはずが、じつは社長の家族の買い物や保育園の送り迎えに使われていることも。

週休2日
【しゅうきゅうふつか】制

1年を通して、月に少なくとも1回

以上、2日休みがある週があり、それ以外の週は1日以上の休みがあること。つまり月に5日しか休めない月も存在しうる。1年を通して毎週2日の休みがある完全週休2日とは、休日の形態がまったく異なる。求人広告をよく確認せずに応募し、雇用契約を結んだあと後悔することのないようにしたい。ブラック企業の場合は「会社は休みだが、仕事はたんまりある」というシステムとなっていることが多い。令和以降では、週休3日の企業も増えている。

終日【しゅうじつ】

朝から晩まで、一日中。「その日は終日空けております」と言われた場合は、「朝から晩まで、いつでもオッケーですよ」の意味である。一方、電話で「Aは終日外出しております」と応対された場合、その日はAさんから連絡はない。

終身雇用【しゅうしんこよう】制

「会社がなくならない限り、ひとたび正社員として採用したら定年までめんどうを見ますよ」という制度。もはや消えた神話である。日本では古くからの慣例であったが、バブル崩壊、国際競争、円高、少子高齢化といったネガティブ要素が一気に噴

出した1990年代後半以降、このシステムの維持が困難になりつつある。政府ですら、積極的な副業や転職を進める始末で、「正社員＝安定」は過去の神話になろうとしている。

終電【しゅうでん】

一日の最終電車のこと。働きづめでボロボロになった者や、飲み過ぎた者で車内はごった返す。乗り遅れると大変で、泣く泣くタクシーで帰ったり、カプセルホテルや個室ビデオ店、漫画喫茶などで夜をやり過ごすことになる。寝過ごしたり、酔っ払いのけんかに巻き込まれたりといった、非日常的な体験もできる。

粛々と【しゅくしゅくと】🗣

静かにひっそりと、心を引き締めて

厳しく、の意。進めるという単語とセットで、「粛々と進める」のかたちで使われるのが全体の9割である。社内では「腹立たしいけど、まあ粛々と進めようや」のように、心を殺して確実に、のような意味で使われることのほうが多い。とはいえ、雑念ばかりでは仕事が進まないのも事実だ。

主体性【しゅたいせい】

みずから進んで意思を持ち、判断し、ものごとを進める力のこと。多くの上司が新人に求めており、社会で活躍するためには必須のスキルといえる。対義語は既出「指示待ち」。ただし、独断で自分の道を突き進むのは単なる暴走であり、主体性があるとはいわない。「自分ごととして考える」「他人任せにしない」ことがポイントで、上司や各所への報告も重要となる。

出社拒否【しゅっしゃきょひ】

登校拒否の会社版で、退職の一歩手前の状態。なんらかの事情で社員が会社に行けなくなること、行かなくなることを指す。本人の問題か、会社の問題かいずれにしてもメンタル面に原因があることが多く、五月病との関連から、ゴールデンウィーク

など、長期休暇の直後に急増する傾向にある。

出世街道【しゅっせかいどう】

順調に出世していく人が歩んでるように見える道。もっている学歴によってあらかじめ歩めることが決まっていることもあれば、入社後に高いポテンシャルを見せたことにより、上層部があわててレールを敷くこともある。これが敷かれるのはとても名誉なことではあるが、そのまま突き進むには勇気と覚悟が必要で、避ける社員も増えている。

出張【しゅっちょう】

業務のために、いつもの職場とはちがう場所に出向くこと。一般的には、1泊以上の宿泊をともなう場合を指す。全国を飛び回る営業マンはともかく、多くの会社員にとって年間有数の一大イベントであり、いかにして仕事以外の時間を楽しもうかと模索することになる。ただし上司と一緒の場合は疲れが倍増する。

出張土産【しゅっちょうみやげ】

① 出張先で買い求める、上司や同僚向けの品物。地元名産のお菓子であることが多い。遊びではなく仕事

で行っているわけだから買う必要はないのだが、買って帰ると喜ばれる。
② 出張した先で何かをやらかし、トラブルをもって帰ってくること。火消しをするために、上司をともなった再度の出張が必要になる。当然、嫌がられる。

10分前行動
【じゅっぷんまえこうどう】

社会人に求められる行動。定刻の10分前に集合したり、準備を終えたりして、定刻になったらすぐに行動を起こせる状態にしておくことをいう。始業時刻の10分前には会社に着き、会議の10分前には会議室に集合することが求められるが、終業時刻の10分前に帰る準備をしはじめると叱られる。これに限らず、会社にはオリジナルの時間ルールがある。

趣味の延長線上
【しゅみのえんちょうせんじょう】

すべてのビジネスパーソンがあこがれる理想の仕事像。音楽が好きな人は音楽を仕事に、絵を描くのが好きな人は絵を仕事にできたらいいなぁと考えているものの、実際にそのような仕事に就いたり、稼いだりするのはなかなか難しい。新しい企画を考えるときにも使われるが、本当に趣味の延長線上を追い求めるとそこにはマニアしかおらず、市場の広がりが見込めないことが多い。

シュリンク【しゅりんく】カ

縮むの意。少子高齢化に歯止めがかからず、人口が減少する一方の国内市場全体を指してよく使われる言葉である。「国内市場はシュリンクしていますから……」とすべてを市場のせいにするのは、社外での何気ない会話ではやり過ごせても、社内では「言い訳するな」と一喝される。

シュレッダー行き
【しゅれっだーいき】

採用されなかった企画やアイデアのこと。ゴミ箱にそのまま捨ててしまっては、流出して他社にパクられるおそれがあるため、跡形も残らないようにシュレッダーにかけることになる。良い企画や良いアイデアがあえなくこの処分になることも多く、「シュレッダーにかけておいて」と渡された企画書をこっそり持っておいて、のちのち適度にパクると、意外に使えることが多い。

奨学金【しょうがくきん】

研究や修学を援助するために給付されたり貸与されたりするお金。一般的には、経済的な事情で就学が難しい学生に対し、低金利で（あるいは無利息で）金銭を貸与するシステムを指す。ありていにいえば、借金の一種であり、これを返すために社畜に甘んじている者もいる。

常識の範囲【じょうしきのはんい】

具体的な金額やスケジュールなどを示さず、ボカしたいときに使う言葉。「見積もりでふっかけてくるなよ」との意味で使われることもある。ただし常識の基準は会社や人によって大きく異なるため、のちのちになってもめることも多い。

上場【じょうじょう】

証券取引所で株式が売買可能な状態になること。またはその会社。上場

している会社には、さまざまな情報を開示することが求められるため、社会的信用が高く、異業種交流会でのウケもいい。ただし、上場をめざす会社にいると社長以下、全員がドタバタと忙しくなるので注意。

上昇志向【じょうしょうしこう】

より高い地位、名誉、収入などを得ようと志す姿勢のこと。単に「この会社で出世してやろう」という思いのみならず、「転職してのし上がってやろう」「独立して一花咲かせよう」といったものもすべてこれに含まれる。優秀な人材が出ていくのは困るので、会社は社員の意識を社内へ、社内へと向けさせるべく躍起になる。かつては誰もがもっていた意識だが、現在はもっている人は少ない。そのため、若くしてもっていると大きな出世が見込める。

昇進試験【しょうしんしけん】🈢

その社員が昇進するべき人材かどうかを見定める試験のこと。昇進とは係長→課長、課長→部長のような上位の職位に登用されることであり、職位そのままに等級が上がることもある昇格とは異なる。試験前は、みんなが本来の業務そっちのけで対策に追われる。

承知しました【しょうちしました】🈢

「わかりました」の謙譲語。「かしこまりました」と同様で、社内の偉い人だけでなく、取引先やお客様全般に使える便利な表現である。類義語に「了解しました」があるが、こちらは目上の人に使うにはふさわしくない。上下関係のゆるい職場でも「了解です」はダメ。

賞与【しょうよ】

いわゆるボーナスのこと。月々に支払われる給与とは別に支給される賃金を指す。望外の業績を挙げた会社では税金対策として臨時の決算賞与が支払われることもある。額を決めるにあたって日本でもっとも多く採用されているのが、基本給×○カ月分という基本給連動型。もちろん基

本給が高くなるにつれ、賞与の額も高まる。あなたの給与明細を見てほしい。いろいろな手当がついて基本給が低いのは、これが理由だ。

昭和【しょうわ】

日本の元号のひとつ。平成の前の時代を指す。ビジネスの世界では、古くさい価値観にとらわれた中年以上の人の言動を形容するときに使われる。そのほとんどは、ハラスメントに鈍感、気合いと根性を求める、酒が好きで声が大きく押しつけがましいといったネガティブなものである。時代が令和へと移行したことにより、その古くささにはさらに拍車がかかってしまった。いずれは「平成」が、昭和的な使われ方をすることになるかもしれない。

ショート【しょーと】カ

①　期待していた長さより短いさま。「3月の売上は5000万円ほどショートする見込みです」「距離がショートしているため出張扱いにはならず、出張手当は出せません」など、足りないをボカした表現。
②　会社の持つ商品在庫や運転資金が、期待される量に達していない状態。これをまかなうために借金をし、その借金を返すためにまた他社から借金をすることを自転車操業という。

暑気払い【しょきばらい】行

夏の暑さを打ち払うために、身体を冷やす食べ物を食べて、体内の熱気を取り除くこと。ビジネスでは、単なる夏の飲み会をこう呼んでいる。ちなみに納涼会は、梅雨明けからお盆あたりまでに行われる夕涼みの会であるが、やはり、単なる夏の飲み会をこう呼ぶ。

職業病【しょくぎょうびょう】

①　ある職業の労働環境に起因する病気。化学物質による中毒症状、騒音による難聴、身体の一部を酷使する仕事における機能障害などがある。
②　①から転じて、普段の生活で出てしまう職業上の癖もこう呼ばれ

る。レストランに予約の電話をするだけなのに電話口でお辞儀してしまったり、バスの運転手が休日に家族を連れて車を運転するだけなのに「発車しまーす」と言ってしまったり、仕事をがんばればがんばるほど職業病は出てくる。見かけてもそっとしてあげよう。

ジョブ型【じょぶがた】制

ジョブ型雇用を略した言葉。業務内容や責任の範囲、必要なスキル、勤務時間、勤務場所などあらかじめ明確に定めて会社と従業員が契約を結ぶことを指す。異動や転勤などがない一方で、基本的には昇格・降格もない。欧米では一般的な雇用形態である。企業としては即戦力を雇いやすい半面、誰も担い手のいない仕事ができてしまう懸念もある。従業員側にも、専門的なスキルを磨きやすいというメリットと、つぶしが利きにくいというデメリットがある。これまで日本で主流だったのはメンバーシップ型雇用。生まれる仕事に対して人員を補充するのではなく、メンバーに仕事を割り振る考え方で、終身雇用、年功序列、労働組合などのシステムとの相性がよかった。2020年1月、経団連がジョブ型雇用の導入を推奨し、一部の大手企業はジョブ型雇用へと舵を切りつつ

ある。がんばらず、会社にしがみついてぬくぬくと……といった会社員生活は難しくなるだろう。

ジョルダン【じょるだん】ソ

同名のソフトウェア開発企業が提供している、乗換案内・路線情報・時刻表・運行情報サービスのこと。日本全国、ありとあらゆる目的地への最短乗換、最速乗換、最安乗換などが無料で検索できる。1分1秒の時間も無駄にできないビジネスパーソンに重宝されており、「ながら歩き」の何割かはこれが原因である。

白羽の矢【しらはのや】

いけにえを求める神が、望む少女がいる家の屋根に目印として白羽の矢を立てたことに由来し、「たくさんいる候補者のなかから犠牲者に選び出されること」を意味する。「抜擢」の意味で使われることもあるが、実態は往々にして、正しいニュアンスのほうでこの言葉が使われている。

知らんけど【しらんけど】言

関西弁において、「たぶん」の意味で会話の最後につける言葉。「Aさんが担当ちゃう？　知らんけど」「B部長に根回ししたら大丈夫ちゃう？

知らんけど」「C社の業績は好調だから、新規顧客としてアタックしてみればええんちゃう？　知らんけど」など、多くは有意義なアドバイスのあとにつくが、「それ以上は聞いてくるな」という意味もある。素人がそれっぽい意見を語るSNSの時代に、それを鵜呑みにしがちな人が増えたことで使われる頻度も増した。釘を刺す一言を付け足すのは、ある意味で誠実な態度ともいえる。

人海戦術【じんかいせんじゅつ】

多くの人員を投入し、数にものを言わせて難局を乗り越えようとする考え方。「今月のテーマは新規顧客開拓。人海戦術で当たれ！」と指令が下ったら、誰も彼もとにかく新規顧客開拓を最優先の仕事にしろ、なんなら営業職以外でも新規顧客を開

拓しろ」と指示が出たようなものである。多用される職場には社畜が多い。ごく小さな会社では「全社員が居残りで」といった悲壮感漂う表現で人海戦術に当たることもある。

人事異動【じんじいどう】

部署を動かしたり、社員の役職や職務を変えたりすること。4月や10月に実施されることが多い。何かをやらかした者が異動するだけでなく、「いろいろな部署を回って得た経験が、将来幹部になったときに役立つ」というのが建前だが、現実には「よく働き、使い勝手のいい社員なのでいろいろな部署が欲しがり、回されているだけ」のこともある。

人事考課【じんじこうか】 制

社長や役員、人事部、管理職が、従業員の実績や貢献度をもとに査定すること。給与や賞与、昇格、昇進などに反映される。日ごろからきめ細かく行ってきたゴマすりやヨイショの真価が発揮される瞬間である。

新人類【しんじんるい】

かつてない考え方をしたり、感性を発揮したりする若い世代を指す言葉。年長者には理解しがたい、新し

い人類だという意味が込められている。1970年代後半から使われはじめ、86年には新語・流行語大賞に選出された。そう呼ばれた人たちも、今やすっかり昭和の遺産扱いされている。ときの流れは無常だ。

診断書【しんだんしょ】物

診察した患者の病名や症状を医師が書き記した書類。数日間連続で休んだり、休職を申し出たり、病気を患ったことによる各種手当てを申請したりする際、会社から提出を求められることが多い。休職するだけならば、実際には従業員側に提出の義務はないのだが、会社は仮病による休職を防ぐために提出を求めるわけであり、これを出す、出さないで押し問答がくり広げられることもある。

人畜無害【じんちくむがい】人

人や動物に対してなんの害もないこと。社会では、いてもいなくてもとくに影響をおよぼさない、平凡でとりえのない人を指す。しかしながら会社にとって、周囲に不満を撒き散らしたりせず、さしたる上昇志向もなく、転職意欲もないこのような人材は、飼い慣らすには格好の存在であり、「キミはそのままでいいんだ」とことあるごとにほめ殺す。

新年会【しんねんかい】行

1年のはじまりを祝う会。多くの場合、ただ社員どうしで飲むだけであり暑気払いや忘年会となんら変わらない。会社によっては、新年最初の朝礼をこう呼ぶこともある。社長が年間の経営方針や目標を改めて話し、ここの社員が今年の目標を発表させられるのが一般的。会社非公式のものも有志によっていたるところで開催されている。なお、12月に飲む予定だったのに忘年会続きで都合がつかず1月にスライドしただけのものが、便宜上こう呼ばれがち。

新聞スクラップ
【しんぶんすくらっぷ】物

気になる新聞記事を切り抜き、記事に関する所感を書き込んだもの。上司が新聞を読んで気になった記事のコピーを部内で回覧させる文化のある会社もあるが、それは著作権の侵害に当たる（コピーすることが問題で、原本を回覧する分には問題ない）。もっとも、紙の新聞の発行部数は年々減っており、新聞スクラップをつくっている人はかなりレア。それでも、パソコンの画面上でのスクリーンショットに移行した会社もある。

人脈【じんみゃく】

おたがいに何か困ったことがあったら助けを求めたり求められたりする、人と人とのつながりのこと。社会人ならばもっておいたほうがよい。あくまでも「おたがいに何か困ったことがあったら助けを求めたり求められたり」できる関係性であることがポイントであり、名刺交換をしただけだったり、あいさつを交わして一緒に写真を撮ったりしただけの関係は人脈とは呼ばない。勘ちがいして使うと冷ややかな目で見られる。

スーパーコンパニオン
【すーぱーこんぱにおん】人

男性しか参加者のいない宴会を盛り上げるスーパーなコンパニオン。昭和〜平成にかけて社員旅行などで重

宝された。お酒のお酌をしてくれるだけのノーマルなコンパニオンと一線を画しており、きわどい衣装とお色気サービスで男性を魅了する。別称にピンクコンパニオン、シースルーコンパニオン、トップレスコンパニオン、ハードコンパニオンなどがあるが、どれもほとんど同じである。

Zoom【ずーむ】ソ

Zoomビデオコミュニケーションズが提供するビデオ会議サービスのこと。既出の「Google Meet」と同じく、コロナ禍での打ち合わせや会議のかたちとして大きな役割を果たしている。便利だが家にいても意味のない会議や上司の無駄な雑談に巻き込まれる遠因となっており、社畜管理ソフトとしても使われる。

スキーム【すきーむ】カ

枠組み、仕組みの意。「事業の枠組みを組み立てる」だと、なんとなく硬いうえに「今から枠組みつくるのかよ!?」というツッコミも受けかねないが、「事業のスキームを組み立てる」だとそれっぽく聞こえる。経営者やコンサルタントが「スキームの見直し」と言いはじめたら、現場は混乱に備えなければならない。

スキルアップ【すきるあっぷ】カ

仕事の能力を磨き、向上させる行動のこと。スキルとは技術、技能の意で、ビジネスではリーダーシップ、マネジメント、営業など、仕事にかかわるありとあらゆる能力を指す。とにかくスキルという言葉が包括する範囲は広く、語学力を高めたり各種資格を取得することもスキルアップと呼ばれる。仕事で行きづまって「何か自分の能力を高めることをしなきゃ」と焦った人が、手当たり次第に試みてスキルアップ迷子となり、仕事に役立つスキルが何ひとつ身につかない事態に陥ることもある。

「好き」を仕事に
【「すき」をしごとに】言

成功者やキャリアアドバイザーがよく言う無責任なアドバイス。働き方が多様化し、仕事はつらいものではない、楽しいものであるという考え方が広まりつつある。一方で「今の仕事は楽しくないから、自分には向いていないのではないか」と悩みはじめる人も多い。実際には働いていくうちにその仕事のおもしろさがわかって好きになる、というのが多くの成功者の実態で、真に受けると何もやりたくなくなってしまう。

すぐやる【すぐやる】

ただちに行動を起こすこと。ドラッグストアチェーン日本最大手マツモトキヨシの創業者・松本清が、千葉県松戸市長時代の1969年、お役所仕事の打破と市民サービスの向上を目的として「すぐやる課」を設置したことが報道されて以降、爆発的に広まった。なお、すばやく行動を起こすのはよいが、「上司に言われたから、なんでもすぐやります」と思考を停止させると、使い勝手のよい社畜に成り下がる。

スケジュール感
【すけじゅーるかん】

なんとなくこんな感じです、というくらいのざっくりとしたスケジュールのこと。プロジェクトの初期段階で、「○月○日にこれを終える」と

まではきっちり決め切れないのはわかりつつも、大まかなメドだけは把握しておきたいときに、「ところで、スケジュール感はどんな感じでしょうか？」などと使われる。なお、厳密な「スケジュール」とは大きく性質が異なるため、いくらでも修正可能であり、また修正したからといって大きくとがめられることがないのがポイントである。

ステークホルダー
【すてーくほるだー】カ

経営者、従業員、株主、顧客、取引先、金融機関、行政機関、各種団体など、会社がなくなったらなんらかの影響を受ける人や組織を指す。会社にとっては、平凡な社員ひとりが辞めたところでさしたる影響はないが、社内外で大きな影響力を発揮する社員（ステークホルダー）に辞められたら、大きな打撃を受ける。本人がそうなるべきであり、ステークホルダーとのつきあいを増やしていくと振り回されることが多くなる。

ストレス耐性【すとれすたいせい】

社会人ならば絶対にもっていたほうがよいとされる重要な能力。仕事をしていると、社内外で理不尽な事態に直面したり、膨大な業務量に追わ

れたり、厳しすぎるスケジュールでの納品を強いられたりする。そんなとき、これが低い人がすぐにキレたり、投げ出したりして会社人生をいっぺんに終わりにしてしまうのだが、高い人は動揺することなく、淡々と、やるべきことに集中して業務を進めることができる。ストレス耐性があるように見えて、じつは「仕事なんてこんなもの、会社なんてこんなもの」と悟り、すべての感情を捨て去っているだけの人もいる。

スペシャリスト
【すぺしゃりすと】人カ

特定分野の能力に長けた人のこと。得意な仕事ではとてつもなく高いパフォーマンスを発揮するため、重宝されがちだが、それ以外の仕事では力を出せず、融通が利かない面をもっている。対義語は既出「ジェネ

ラリスト」。類義語にエキスパート、プロフェッショナルなどがある。エキスパートとは、スペシャリストと同様に特定の能力が秀でていることに加え、専門分野での経験値も極めて高い人。プロフェッショナルとは、専門分野を仕事で生計を立てている人のこと。なお、経験は豊富でも、実績や能力が足りていない人はスペシャリストではない。

すべては慣れ
【すべてはなれ】 🈂

上司や先輩が新人に向けてよく言う、無責任なアドバイス……のはずなのだが、思いのほか言い得て妙の不思議な言葉である。とくに新卒の場合、スタートラインはほぼ横一線。個々の能力にさほど差はなく、うまくいくか、いかないかは、その仕事に慣れているか、いないかによる側面が大きい。場数を踏んでいるうちに、うまくいくことが増えてくるものだ。ただ、あまりにもブラックな職場環境に慣れてしまうと、膨大な仕事量や著しいコンプライアンス違反にも何も感じなくなってしまうこともある。

スリム化【すりむか】

事業や組織などを縮小したり簡素化

したりすること。要はリストラや経費削減をボカした表現である。とくに年功序列の会社では、年長者が会社を辞めない限りは上の役職が空かず、本来必要のない管理職がだんだんと増えて組織内に似たような部署が乱立し、指示系統や管理がしづらくなる。思い切ってそれらをシンプルなかたちに戻す経営行動がこれ。単に会社の資金繰りがうまくいかず部門ごと消される場合も同様に表現される。当然、リストラをともなうため、経営陣が「組織のスリム化を行う」と宣言した場合、職場にはピリッとした緊張感が漂うこととなる。

成果主義【せいかしゅぎ】 🈠

仕事の成果や成績、そしてそれらの数字を出すプロセスを鑑み、給与や人事に反映する評価制度。年齢、社歴、経験、あるいは学歴などが評価の軸だった旧来の年功序列制度とちがい、成果を出したかどうかが評価の大きなウエートを占める。現実には、同僚をライバルとみなして情報を共有しない人が増えたり、何を成果とみなすかで見解の相違があったりと、うまく機能していない会社も多くある。そもそも、評価する立場の人が年功序列でその地位にいたら、正しく評価されない。

税込【ぜいこみ】

消費税を含んだ価格のこと。2021年4月1日から、事業者が消費者に対して行う価格表示において税込価格の表示（総額表示）を義務づけ、「4980円！（税抜）」のような姑息な手が使えなくなった。なお、会社対会社の取引では依然として税込価格と税抜価格が混在しており、細かく確認しておかないとのちのちめんどうなトラブルに巻き込まれることもありえる。

精算【せいさん】

金額を細かく計算すること。会社ではおもに、従業員が一時的に立て替えて支払っていた会社の経費を経理担当者に申請する経費精算を指す。仕事に追われてこれを忘れており、

うっかり期日を過ぎてしまうと、返ってくるはずのお金が返ってこず、仕事のために使ったお金を全額自腹で負担するという憂き目に遭ってしまう。また、いくら仕事関係の人と酒を飲んだとはいえ、業務と関係ないような会食の飲食代は経費として認められないことも多々あり、その場合もやはり自腹となる。

生産性【せいさんせい】

仕事の効率のよさ。労働や設備、原材料などの投入量と、これによってつくり出される成果物の産出量の比率によって示される。政府主導で働き方改革が進むなかで、日本企業の生産性の向上が大きなテーマとなっている。しかしあまりに効率ばかりを重視すると品質やサービスのよかった点が失われ、大したことのないものばかり生産してしまうという本末転倒な事態に陥る。

精神論【せいしんろん】

具体的な事実や明確な数字をふまえることなく、個人的な体験や感覚に基づいた主観的な考え方のこと。「うまくいかないのはやる気がないからだ」「気合いが顔に出ていない」「一致団結すればなんとかなる」など。これを押しつけてくるのはたいてい

ベテラン社畜で、「オレもなんとかなったんだから、お前もなんとかなる！」と精神論の上塗りで攻めてくるから余計にタチが悪い。

セカンドキャリア
【せかんどきゃりあ】カ

第二の人生における職業のこと。会社員や公務員の定年退職後の職業や、出産のためいったん離職した女性の復職などを指す。終身雇用制度が崩れつつあり、政府が副業や転職を推奨している現在では、早めに将来を見据えたキャリアアップの転職をする人も多い。また、独立もセカンドキャリアに含まれている。社畜は働くうちに、考えることができなくなってしまう。

責任者【せきにんしゃ】人

ある範囲の仕事についていちばん大きな責任を負う人のこと。単に部門長だったりして、肝心なときにはほぼいない。「責任者を出せ！」と言われたら矢面に立たなければいけない厳しいポジションであり、見返りもあまりない。

セクション【せくしょん】カ

分割された部門、部分のこと。展示会の会場が3セクションに分けられていたり、営業部が3セクションに分けられていたりと、とにかく小分けにされている一部分をイメージしてもらえばよい。使い勝手がよいが、会社によってとらえ方が異なり、局、部、課など規模がバラバラである。なお、セクションをまたぐ行動・言動をすると厄介者扱いされるので要注意。

世代格差【せだいかくさ】

一生のうちに政府や自治体から受ける年金や社会福祉などのサービスと、税金や社会保険料などの負担の差が世代によって異なることで生じる格差。少子高齢化の日本において深刻な問題となっている。もっとも顕著なのが年金格差で、かつて「一生安心」とうたわれてきたものが、「破綻の不安」とささやかれている。何かにつけて年長者が優遇されてきた日本。若者たちはそのツケを払わされるわけだから、アンラッキーである。

接待【せったい】

客人をもてなすこと。ビジネスでは自社に利益をもたらしてくれそうな人との関係を深めるために、飲食やサービスなどを提供することをい

う。相手から誘われるときには必ず、なんらかのビジネス的な目的がある。なお、公務員と飲食をすると接待とみなされて大問題になる。

Z世代【ぜっとせだい】

1990年代半ばから2010年代前半までに生まれた世代のこと。生まれたときにはすでにインターネットが利用可能な世の中であり、デジタルネイティブ最初の世代とも呼ばれている。はからずも、20年のコロナショックによる影響で、義務教育においてオンライン授業を受けた最初の世代にもなった。会社や仕事においては堅実な考え方をもっており、短時間、少ない労力で効率よく取り組みたいと考えるのが特徴。上の世代とは意見が合わず苦しむことが多い。

背広組【せびろぐみ】

もともとは防衛省で使われていた言葉。命令に服して隊務を行う自衛官を制服組と呼ぶのに対し、防衛事務次官や官房長、防衛医科大学校の教官などの事務方をこう呼ぶ。ビジネスでは、作業服を着て働く現場の人間に対し、スーツを着て働く本社の人間をこう呼ぶこともある。どことなくトゲのある呼び方からもわかるとおり、制服組（作業服組）は背広組を敵視しがちな傾向にある。

セミナー【せみなー】カ

あるテーマについて、講師が生徒を集めて行う講義。社会人向けのものは、仕事の役に立つもの、立たないもの、怪しい商売絡みのもの、宗教絡みのものなど、日本全国あまた行われている。コロナ禍以後はウェブ上でのセミナー「ウェビナー」も増えた。在宅勤務が増えて時間ができ、セミナーに入り浸って本業がおろそかになる人も多い。

ゼロイチ【ぜろいち】

文字どおり、0から1を生み出すこと。ビジネスにおいて、新しいモノやサービス（価値）をつくりあげるのはとても難しい。新しい発想はあ

るとき急に浮かんでくるものではなく、世の中が求めているものと、それに応える最適な方法をつねに考えておかなければ思いつかないからだ。なお、このゼロイチに対し、「イチジュウ（1を10に増やす）」という言葉も存在する。「自分はイチジュウが得意」と言う人は、たいてい考える力が乏しい。

全員野球
【ぜんいんやきゅう】野

チームワークを求められる状況で使われる。「今期もあと3カ月。全員野球で乗り切ろう！」と上司が声を上げたとしたら、それは「力を合わせてがんばろう」くらいの意味である。もちろん、野球にくわしくない人にはいまいちピンとこない。野球はポジションごとに役割があるが、

この言葉が使われるときには全員で取り組むだけの「人海戦術」と同じ意味だったりする。

前職【ぜんしょく】

今の状況を迎える直前に就いていた職業や職務。転職時の面接や履歴書、転職直後に自己紹介をするときによく使う言葉だ。「前の会社のことなんて、どうせわからないだろう」と、実績を盛って話すのは危険。世の中は狭いもので、前職の社員と新しい会社の社員が知り合いだったり、取引先が両方の会社に出入りしていたりして、すぐにバレる。

センターピン【せんたーぴん】カ

ボウリングで、もっとも手前にあるピン。このピンを倒すと、奥にある2列目以降のピンも倒れてストライクになりやすいことから、ビジネスでは「全体に影響する、たったひとつの本質」の意味で使われる。ただし、ボウリングになじみのない人には伝わりづらいたとえである。

洗脳【せんのう】

ある人の思想や主義を根本から変えさせてしまうこと。社会人として経験のない学生をメンバーシップ型雇

用のかたちで一斉に新卒採用し、研修によって自社の文化や社会人としてのあり方を叩き込んで育てる日本企業の人材育成は、よくこれにたとえられる。勤務時間が長くなり、社外の人たちとのつきあいが減ってくると、同じ文化で働く社内の人ばかり話すようになり、「これが普通なのだ」とさらに深みにはまっていく。日本企業の育成システムは、社畜が社畜を生むような構造になっている。

全力投球
【ぜんりょくとうきゅう】野

毎度おなじみ、野球のたとえシリーズ。全力を出し切ってほしい場面で使われる。「今期もあと３カ月。全力投球で乗り切ろう！」と上司が声を上げたとしたら、それは「あと３カ月、みんなで全力を出してがんばろう」くらいの意味である。やっぱり、野球にくわしくない人にはいまいちピンとこない。

送別会【そうべつかい】行

転職したり、退職したりする人を送り出す会。転職していく人はいわば、運命共同体から出ていく裏切り者であり、基本的にはそのような人のために送別会は開かれない。もしも転職するのに送別会が開かれてい

る人がいたとしたら、その人はよっぽど愛されていたのだろう。

属人化【ぞくじんか】

ある仕事の実情や進め方、進捗状況などを、現在担当しているその人しか把握していない状況のこと。とくに経理関係でこれが起きるのは危険で、「信頼して何年も経理を任せていた人が、じつは会社のお金を数千万円も使っていた」なんて話は枚挙に暇がない。

即戦力【そくせんりょく】人

入社後、すぐに戦力になる人材のこと。おもに転職組で、前職でも現職と同じ業務に携わっていた人を指す。中途採用をする会社がぜひとも欲しい人材だ。しかし環境が変われば働きやすさもまた変わってくるの

が世のつねであり、環境の変化に戸惑って力を出し切れない人は、まわりからの「あれ……？　期待とちがうな……」という視線に耐えながら、環境に慣れるまでなんとかがんばり続けることになる。残念ながら、プレッシャーに負けて早期に会社を去ってしまう人も一定数いる。

即レス【そくれす】

即＋レスポンス（返事、反応の意）の造語。聞かれたことに対してすぐ答えたり、メールやLINEをすぐ返信したりすることを指す。相手を待たせないのはすばらしい行動であり、実際に信頼感が高まることも多いが、あまりにも即レスを心がけすぎると、まったく仕事をせずに1日中メールやLINEをしているだけのよくわからない人になってしまう。

そもそも論【そもそもろん】

すでに戻ることのできない話の根本に立ち返って論を展開すること。何かの問題に対して話し合うときに打開策が見つからないと、誰かが言い出す。トラブルの対応策を考えていると、誰かが「そもそも、なんでAくんはあそこで確認をしなかったんだ！」と言いだす。これがそもそも論である。そもそも論を言う人はだいたい嫌われるが、じつは、みんな心の中ではちょっとは思っていることだったりもする。

ソリューション営業
【そりゅーしょんえいぎょう】

ソリューション（solution）とは解決策のこと。顧客と対話をしながら、相手が抱えているニーズをつかみ、それを満たす解決策を提供する営業スタイルを指す。似た言葉に御用聞き営業があり、何が欲しいのかを相手に聞いて、それを指定された日・場所へもっていくだけの営業を指す。もちろんソリューションできればよいのだが、相手が何かに困っていなければ成り立たない営業手法なため、無理やり相手を困った状況にあるように仕立てようと営業トークをくり広げ、かえって反感を買ってしまう不器用な営業マンも多い。

弘兼憲史／作
講談社
1983年

島耕作シリーズ

社畜 × 漫画

1983年に『モーニング』誌で掲載が開始された『課長島耕作』に端を発し、『部長島耕作』『取締役島耕作』『常務島耕作』『専務島耕作』『社長島耕作』『会長島耕作』『相談役島耕作』『社外取締役島耕作』『ヤング島耕作』『係長島耕作』『学生島耕作』と広がる一大シリーズ。大手電器メーカー・初芝電器産業に勤務する島耕作が、激しく移り変わる時代のなかで、企業間の競争や社内の派閥争いに巻き込まれながらも会社に貢献する姿を描く。当初はどこにでもいる小心者の会社員として描かれていた耕作が、困難な仕事に取り組むたびに（女性によく助けられ）たくましく成長していく。耕作と同じ団塊世代のビジネスパーソンの大きな支持を得ている。

社畜 ルポルタージュ

レイモンド・マンゴー／著
晶文社
1998年

就職しないで生きるには

1960年代後半にベトナム反戦運動に参加したのち、日本をはじめ世界中を放浪し、73年にはシアトルで出版社兼書店「モンタナ・ブックス」を立ち上げた異色の人物、レイモンド・マンゴーによるルポルタージュ。天然せっけんをつくったり、シャケ缶をつくったり、小さな本屋を開いたりといった、会社や組織に属さず自分らしく生きるための働き方を取材し、記している。原著は81年刊行ながら、読者をたきつけることもなく、ブラック企業で激務に苦しむ2020年代のビジネスパーソンにも刺さる内容。日本では1998年に晶文社から翻訳版が刊行されて好評を博し、同著を起点とした「就職しないで生きるには21」シリーズが展開されている。

た行

楽しいか楽しくないかは、仕事選び
でもっとも重要。学生時代の環境
は、やりたいことや仲間を自分で選べて、
まさに「HOME」。社会人になると自分で
選べない。「AWAY」を「HOME」にでき
る社員が人財、「HOME」を「AWAY」に
するのは人罪だ。

ターゲット【たーげっと】カ

目標、標的の意。ビジネスの世界では、商品を売り込むうえで狙いをつけた購入層を指す。また社内では、批判の対象として目をつけられることを指す。一度目をつけられると逃れるのは難しい。

体育会系【たいいくかいけい】

部活動の分類。ビジネスの世界では、いかにも運動部のような雰囲気の会社や人を指す。大きな声でのあいさつが奨励される、厳しい上下関係が存在する、精神論や根性論がまかり通る、心の病も身体を動かせば治ると考えている……などがおもな特徴。スパルタ気質で、部下は鍛えて強くするのだという信念を是としがち。パワハラの認識が広まった昨今では、その気質を前面に出す会社は影を潜めている。

大企業【だいきぎょう】

大規模な企業のこと。明確な定義はないが、中小企業の基準である「資本金3億円以下かつ従業員数300人以下」「資本金1億円以下かつ従業員数100人以下」「資本金5000万円以下かつ従業員数50人以下」「資本金5000万円以下かつ従業員数100人以

下」を超えた企業を指すことが多い。経営が安定し給料も中小企業より高めだが、部署ごとの縄張り意識が強く社内の風通しが悪かったり、意思決定にかかわる人数が多くなって判断が遅れたりするデメリットも存在する。また、大企業になればなるほど、なんの仕事をしているのかよくわからない人を社内で多く見かけるようになる。

太鼓持ち【たいこもち】人

力をもっている人に媚びへつらって気に入られようとする人。江戸時代にあった職業に由来する。宴席やお座敷などの酒席で客のご機嫌をとったり、芸者や舞妓を助けて調子をとったりして場を盛り上げる人だった。会社では上を見渡しても下を見渡しても、役職のついている人のまわりにはだいたいこの性質の人がついている。類義語に「腰巾着」「イエスマン」などがある。

大丈夫です
【だいじょうぶです】言

① 何かを頼まれたり、売り込まれたりしたときの断り文句。「やります」「買います」のニュアンスで受け取られてしまう可能性もある。「お気遣いなく」と断ったほうが意思が明確に伝わり、また角も立たない。
② 上司に「あの仕事は順調か？」と進み具合を確認されたときの返し文句。とりあえずそう答えるものの、実際は大丈夫でないことが多い。

タイト【たいと】カ

スケジュールが大変厳しいこと。面と向かって「厳しいスケジュールです」「納期までの日数はとても短いです」とは言いづらいが「タイトなスケジュールです」ならすんなりと言えるから不思議だ。

第二新卒【だいにしんそつ】人

新卒として一度就職をしたものの、数年以内に離職し、ふたたび転職活動をしている人のこと。求める会社側としては「社会経験のある新卒だからマナー研修などがいらない」として好意的に見ている場合が多いが、入社後すぐに辞めていることからそっけなく扱われることもある。

タイパ【たいぱ】カ

タイムパフォーマンスの略。使った時間（タイム）に対して、得られる成果（パフォーマンス）を比較したもの。少ない時間で良い成果をあげれば、タイパが良い（高い）といわれる。若者に人気の概念で、読書や映画鑑賞で数時間使うことを惜しみ、あらすじをまとめたサイトを見て満足する人が増えた。消費者の立場ならこれを求めるのもアリだが、商品やサービスを提供する側がタイパを求めると、たいていは手抜きになるので悪い結果をもたらしがち。

ダイバーシティ
【だいばーしてぃ】カ

人材の多様性のこと。社内に年齢や性別、人種、宗教、趣味嗜好、考え方などの属性が異なる多くの人が存在し、それぞれに尊重し合う状態を指す。これを活かして会社としての競争力を高めようという取り組みをダイバーシティ・マネジメントという。まれに、拡大解釈して「遅刻はする、無断欠勤もする、仕事はやる気なく納期に遅れる、でもそれが多様性でしょ」と主張する社員もいるが、それは多様性うんぬん以前に怠惰なだけであり、尊重に値しない。

タイムカード

【たいむかーど】 物 カ

従業員の出勤時間や退勤時間を記録する紙のこと。手書きのもの、専用のレコーダーで打刻するもの、オンラインで打刻するものなどさまざまな種類がある。会社に慣れてくればくるほど、出勤時の打刻を忘れがちになる。出勤後のタイムカードをなぜか上司が管理し、定時が終わった瞬間に全員分を打刻。そこからサービス残業のスタートとなるダメな会社もあるとか。

抱き合わせ 【だきあわせ】

ある商品と、別の商品をセットにして販売すること。基本的には、人気商品と不人気商品がセットになることがほとんどである。日本では、不当な抱き合わせ商法は独占禁止法違反となるが、すべてのセット販売が違反されているわけではないため、グレーなものもときどき散見される。社内で「抱き合わせにして売っちゃえ」という声が上司から上がることもあるが、違法かどうかを慎重に見定めないと、あとでとんでもない事態に陥る可能性もある。

全部セットで！
¥200,000-

タクシーチケット

【たくしーちけっと】 カ 物

タクシーの乗車券。あらかじめ会社名義で契約している乗車券であり、乗車した人がこれを運転手に渡すと、会社に請求がいく仕組みとなっている。一般社員が目にすることはなく、使えるのは社長や役員など、とてもえらい人に限られる。ただし、仕事や接待で終電を逃したときに、上司から「これで帰りなさい」と渡されることがある。これをラッキーと思う人はやや社畜化している。

竹中平蔵【たけなかへいぞう】人

実業家、政治家、経済学者。元総務大臣。人材派遣業のパソナで特別顧問を務めたのち、親会社のパソナグループ取締役会長に就任。小泉純一郎政権下で経済財政政策担当大臣、IT担当大臣として入閣して以降、政界との結びつきをより強めていった。非正規労働者を増やす構造改革を主体的に進めつつ、みずからは人材派遣会社の会長を務めていたため、「日本の所得格差を大きくしたうえ、私腹を肥やしてきた」との批判もある。

他者への想像力
【たしゃへのそうぞうりょく】

社会人たるもの、もっていたほうがよいとされる意識。他者想とも略される。社会人が学生と異なるのは、自分の能力が高いだけではうまくいかない、ということに尽きる。相手がいるからだ。商品やサービスを新たに開発する際には、消費者が何を求めているかを理解しなければならない。また、取引や交渉では、相手が何を望み、何を妥協するかを探りながら話を進めなければならない。社内のやりとりでも、上司や部下がどういう答えを求めているかを考えて発言しなければならない。つまり、仕事をするうえで絶対に必要な能力である。ただし、この能力が突出しすぎると、仕事が増えてしまう。

タスク【たすく】カ

「A社に電話をして進捗を確認する」「B社の担当者と打ち合わせ」「今週は当番だからゴミ捨てをする」といった、課されているやるべき仕事の一つひとつを指す。「今日はこれをやろう」と決めて出勤しても、思いがけず上から下から横から膨大な量のタスクが降りかかってくる。それが会社という場であり、にっちもさっちもいかなくなると「タスクの整理」という名のタスクに追われる。

たたき台【たたきだい】

原案のこと。「だいたいこんな感じですよね、というイメージでざっくりと仕上げました」くらいのものであり、これをもとにみんなで練り上げることでプロジェクトは進行していく。まれに、練りに練ったはずの企画が会議において「まだ粗い」「細部が煮つめられていない」とめった打ちにされることがあり、そのようなときは「まだたたき台ですから……」と逃げるのがお約束となっている。

脱サラ【だつさら】

脱サラリーマンの略。会社勤めをやめて起業することをいう。1970年代、高度経済成長期に会社員として働きまくり疲れ切った人のなかから、会社を辞めて事業を興す人が続出。消費の伸びが大きかったことで成功させる人が多く、大きなブームとなった。以後、年配のビジネスパーソンのあいだでは起業と同義語として定着している。令和となった現在、脱サラブームは続いているが、すぐにうまくいく人は多くない。

脱社畜【だつしゃちく】

『脱社畜の働き方』（技術評論社）をはじめ、社畜に関する本を多く上梓し、「脱社畜ブログ」を運営している日野瑛太郎氏によれば、「会社と自分の人生を切り離して考えられるようになること」。裏返せば「社畜とは、会社を自分の人生そのものと考えている人」と言うことができるだろう。さて、あなたはどっち？

達成感【たっせいかん】

仕事を成し遂げたときに得られる喜び、感動のこと。努力の末、目標に到達したり、誰かに感謝されたりすると得やすい。やりがいとともに、

社員を社畜のようにあやつり、搾取するエサとなる。

たった今【たったいま】🗨

何かしらの対応が遅れてしまっているとき、相手に対して言い訳で使う言葉。「申し訳ありません！ たった今戻ってきたところで、まだチェックできraいませんで……」「たった今お送りしたところなんですけど、まだ届いておりませんか？」「たった今出たところです。今しばらくお待ちください」。もちろん、ほとんどの場合はウソである。

建前【たてまえ】

表向きは、の意。本音の対義語であり、本心を隠しつつ、会社、組織、社会人として進むべき理想を語るときに使う。たとえば、自分には荷が重いと思われる職務を任されそうになったとして、上司に「難しいけどやってみたい？」と聞かれたら、「荷が重そうだな……」と思っても、今後のことを考えたら前向きな姿勢は見せておいたほうが良いため、「チャレンジしてみたいです！」と答えるだろう。これが建前である。この場合、「やはりキミには荷が重いよね」と上司が断念してくれることを望むのだが、まれに「そんなにやりたい

のなら」と、そのまま任されてしまっ
たりもする。なお、「建前上〜だ」
という使い方をするとき、それは本
音である。

棚卸し【たなおろし】

所有している商品や原材料などの在
庫を確認すること。猫の手も借りた
いくらいに忙しくなる。また、しば
らく放置したままになっていた案件
に着手するため、状況を整理し直す
ときにもこの語を使う。「意識高い
系」のビジネスパーソンのあいだで
は、「やってきたこと」＝キャリア
の棚卸しや、「できること」＝スキ
ルの棚卸しという言葉が使われる。
要はメモか何かに書き出すだけだ。

田端信太郎
【たばたしんたろう】人

インフルエンサー、起業家、投資家。
オンラインサロン「田端大学」の塾
長を務めている。慶應義塾大学卒業
後、会社員生活を経て、複数社で執
行役員を務めたのち、2019年に独
立。「会社から社畜を解放する」と
いうスタンスながら、過労死には本
人の責任もあるとの見解を示してい
る。「趣味は炎上」と公言し、SNS
で自由に発言してはたびたび燃え、
上級執行役員を務めていた会社から

は厳重注意を受けたり、最高マーケ
ティング責任者を務めていた会社か
らは解任を通告されたりしている。

ダブスタ【だぶすた】カ

ダブルスタンダードの略。二枚舌の
意で、相手によって対応や意見を変
えたりすること。「アイツは、オレ
たちと話しているときはさんざん会
社の文句を言っていたくせに、いざ
上司に訴え出るとなったら、上司側
に立ってものを言うんだよな」といっ
たときのアイツの態度がこれにあた
る。当然ながら、多用する人は社内
外で信用を失っていく。

ダブルスクール
【だぶるすくーる】カ

おもに大学生や短大生が、資格の取
得を目的として、通っている学校と

は別の教育機関に通うことを指す。「資格があれば就活で有利！」と考えて熱心に学ぶ人は多いが、就職活動では「この会社にどれほど尽くしてくれるのか」が問われるため、あまり関係なかったりする。

ダブルブッキング
【だぶるぶっきんぐ】カ

飛行機や新幹線などの指定席、ホテルの部屋や居酒屋の座席などで、二重に予約を受け付けてしまうこと。ブッキングとは予約のことである。生活のなかでは、仕事の予定や遊びの約束などを同じ時間に、二重に入れてしまうこともこう呼ぶ。自分が何をするかを明確にしておくのはスケジュール管理の基本だ。しかしふたつの仕事を同時に引き受けてしまったとあとで気づいたとき、どちらをどのように断るかも、会社員としての腕の見せどころである。

ダマでやる【だまでやる】

内緒で、しかし虎視眈々とことを進めること。もともとは麻雀用語で、あがりまでまだ手がかかるように見せかけて、あがり牌が出てくるのをひそかに待つさまを表す。失敗してもバレなければ大ごとにはならないが、他人を巻き込んでやる場合は強

く叱られるので注意。ミスや不祥事を隠したり、遅れを取り返すためにダマでやると余計におかしなことが起こる。

たらいまわし【たらいまわし】

次から次へとほかの人に送り回すこと。もともとは曲芸の名からきている。会社のなかでは、責任を取りたくないため、めんどうくさい案件や失敗が見えている案件はほかの部署や人に押しつける行為が横行し、たらいまわしたはずの案件が自分のもとに戻ってくることもよくある。

段取り【だんどり】

ものごとを行う手順のこと。行き当たりばったりで、思うままに仕事を進める人と、まず段取りを組み立て

てから仕事をはじめる人とでは、仕事のスピードや労力、トラブルの有無に雲泥の差が出る。働き方改革が進み、効率化や生産性の向上が求められている今の時代、重要なスキルとなっている。しかし、これに時間をかけすぎてしまうのも考えもの。ただボーッと考えごとをしているように見えてしまうため、上司から「いいから手を動かせ」とゲキが飛ぶ。

段ボール【だんぼーる】物

多層構造で強靭にした板紙。折り目がついており、組み立てて梱包に使う。意外と保温性があり、泊まり込んで仕事をするときは、ふとん代わりにして寝る人もいる。社員が「マイ段ボール」を用意する会社は、なかなかハードな仕事をこなしている。

ちえ丸【ちえまる】人

ブラック企業に勤める社畜OL、かつチャンネル登録者数36万人以上を誇る人気YouTuber。社畜をやめずに成功した稀有な人。500万回以上再生された動画では過重労働やパワハラにもがく姿が描かれ、多くの共感を呼んだ。2022年にエッセイを出版し、2023年にはHuluで実写ドラマ化された。

遅延証明書
【ちえんしょうめいしょ】物

通勤・通学に多く使われる鉄道やバスにおいて、遅延を公式に証明するために運行事業者が発行する書類。もちろん遅刻の免罪符となる。首都圏では、通勤ラッシュの密度が電車の運行量、乗車する人の量ともに半端ではないため、恒常的に遅延している路線が散見される。そのような路線でもやはり遅延証明書は配られるため、連日遅延証明書を提出している者もたまにいる。同じ路線の社員がいると「アイツは毎日、間に合ってるぞ」と叱られることがある。

ちきりん【ちきりん】人

社会派ブロガー、著述家。2005年に「Chikirinの日記」を開設。BLOGOS

アワード大賞、アルファブロガー・アワードを受賞した。ブログ記事は毎回「そんじゃーね」の一言で締めくくられる。2008年、正規雇用が減少しつつあるなかで、若年層の正社員数が減っている一方、55歳以上の正社員数が増えているさまを統計情報から導き出し、注目された。世の中で起こっているさまざまな問題について「自分の頭で考える」ことを訴えかけており、そのままタイトルになった『自分のアタマで考えよう』（ダイヤモンド社）という著作もある。いつの間にか会社に洗脳されて搾取されがちなビジネスパーソンにとっては、強い味方だ。

遅配【ちはい】

配達や支給が期日より遅れること。給与の支払いは会社から出る経費で最優先されるため、遅れるということは運転資金がカツカツであり会社がつぶれる一歩手前であることを意味する。最低限、もらえるものをもらったら、すぐにその会社から逃げ出すのが得策だ。

Chatwork
【ちゃっとわーく】ソ

Chatwork株式会社が提供しているクラウド型ビジネスチャットツー

ル。同じ部署やプロジェクトのメンバーでグループをつくることで、チャットでのやりとりやファイルの共有、タスク管理、ビデオ通話などが可能となる。既読通知がつかないのが特徴で、「チャットを見たらすぐに返信しなきゃ」という強迫観念は生まれづらいが、オンラインか否かを通知するシステムはしっかりとついており、この通知を義務化している会社もある。リモートワークであっても、会社の目は厳しい。

茶柱が立つ
【ちゃばしらがたつ】言

お茶を注いだとき、湯飲みのなかで茶葉の茎が立つこと。縁起が良いとされる。女性社員がもっぱらお茶くみ係をしていた昭和の時代、「あ、社長、茶柱が立っていますよ」というセリフがよく使われていた。社長と話題の接点がまったくない女性社員が、とりあえず何か言っておいたという場合が多く、近年はこうした雑務もなくなったため、まさに「死語」と化しつつある。

チャレンジ【ちゃれんじ】カ

直訳すれば挑戦だが、ブラックな会社においては厳しいノルマのことを指す。かつて大手企業が、この名の

もとに社員に「3日で120億円の利益改善」という過剰な業績改善を無理強いし、それが結果として巨額な不正会計事件の引き金となってしまった。「会社の言うことは絶対！」という意識で仕事をしていると、いつの間にか自分が犯罪に手を染めてしまうことにもなりえる。

中小企業【ちゅうしょうきぎょう】

厳密には、「資本金3億円以下かつ従業員数300人以下（製造業・建設業・運輸業・そのほかの業種）」「資本金1億円以下かつ従業員数100人以下（卸売業）」「資本金5000万円以下かつ従業員数50人以下（小売業）」「資本金5000万円以下かつ従業員数100人以下（サービス業）」の企業のこと。しかしそこまで深く考えずに「われわれ中小企業は〜」と話している場合も多い。こじんまりとしてアットホームな雰囲気で働ける反面、過剰な仲間意識や濃密すぎる人間関係に心をすり減らしてしまう人も少なくない。

ちょいと一服
【ちょいといっぷく】🈂

たばこを吸いにいくときの決まり文句。会社で決められている休憩時間外になされる行為であるが、暗黙に

認められている職場が多い。ただ、「ちょっとコーヒー休憩」「ちょっとスイーツ休憩」とは言いづらい雰囲気があり、「なぜたばこの一服だけは許されるんだ。不公平だ」との声も上がりはじめている。

朝礼【ちょうれい】🈁

朝一番に開かれる集会のこと。毎日行う会社もあれば、週1回、月曜日の朝に行う会社もある。また同じ会社内でも、全社での朝礼と部署ごとの朝礼とで分けているところもある。社是や経営理念を復唱したり、目標を宣言したりといったイベントが行われるのが一般的で、ボーっとした頭で参加していると、徐々に会社に洗脳されていくことになる。

直行直帰【ちょっこうちょっき】

出社せず、直接仕事の現場に出向く直行と、仕事の現場から帰社せずそのまま帰宅する直帰の組み合わせ。ただしこれは、社内で十分な信頼を得ている人にだけ許されている勤務形態。ちょっと目を離すと何をするかわからないタイプの人は、現場に出向く前の出勤と、現場で仕事が終わってからの帰社を義務づけられることもある。

ついでのときにでも
【ついでのときにでも】🗣

字面どおりに読み取れば、「わざわざそれだけを目的として動いていただかなくてもいいのですが、ほかに用事があるときに一緒に処理してください」の意。ただしこのフレーズを発する側は、「自分の用事は絶対に忘れないでね」と考えていることが多い。つまり実際には、「急ぎではないけれど、確実に処理してくださいね」というニュアンスが込められている。

つかぬこと【つかぬこと】🗣

それまでの話と脈略のないこと。突拍子もないこと。「つかぬことをおうかがいしますが……」のかたちで、

人にものをたずねるときの決まり文句として使われる。宣言しているからといって、初対面の相手に「つかぬことをおうかがいしますが、年収はおいくらですか？」なんて聞こうものなら、以後、会社ごと敬遠されてしまうことになる。

月一【つきいち】

月に1回の略。会議や経費精算、各種雑務の当番などがこのペースで行われている。会議はともかく、経費精算や各種雑務の当番については「忘れるか、忘れないか」の絶妙なラインであり、経費精算を忘れて泣きを見たり、掃除当番を忘れてブーブー言われている人をよく見かける。ただ、週1回のペースで行われると忘れないが、「無駄なルーティーン」化することも多い。

突き抜ける【つきぬける】🗣

良い意味で、想像の範疇を越えるさまを指す。新企画やデザイン、キャッチコピーなど、クリエイティブさを求められる場でおもに使われる。「突出」に近いニュアンスである。また、人間の能力やセンスを表す際にも使われる。基本的には出る杭は打たれるが、突き抜けている人材は打たれない。

常見陽平【つねみようへい】人

労働社会学者、働き方評論家。1974年生まれ。会社員、フリーランスを経て、現在は千葉商科大学国際教養学部准教授。著書の『社畜上等！』（晶文社）などでは、社畜をよしとせず、かといって社畜を独立へと扇動したりしない。バランスの取れた論客だ。

手垢のついた
【てあかのついた】言

もう何度も使われており、陳腐化していて古典的であるさまを指す。「アイツの手垢のついたプレゼンはうんざりだ」など、二番煎じ、三番煎じの手法を批判する意味で使われる。あまりにも新しく奇抜な案を出すと、理解できない上司からは敬遠されるため、手垢のついたものをどうアレンジして新しく見せるかが問われがちである。

DX推進【でぃーえっくすすいしん】

会社のなかでDX（デジタルトランスフォーメーション）を推し進めること。DXとはAI、ビッグデータなどのデジタル技術を使って業務を改善したり、新たなビジネスモデルをつくりだしたり、自社に変革を起こ

したりすることを指す。デジタルデータが増える一方で、会社内では高齢化や人材不足でそれを運用できる人が足りなくなりつつある。

TPO【てぃーぴーおー】カ

英語のtime（とき）、place（場所）、occasion（場合）の頭文字を取った語。とき、場所、場合に合わせた服装や言動を選ぶことを指す。「ときと場合を考えて行動しろよ」と叱られる、アレだ。社会人ならばわきまえるべきことのひとつであり、著しく外れた行動をとり続けると、空気の読めないヤツとして敬遠される。

体裁【ていさい】

他人から見られたときの見え方や格好のこと。世間体。人間だけではなく、仕事のなかで生み出された成果物に対しても使われ、「企画書の体裁をなしていない」「スピーチの原

稿、体裁を整えておいて」といった言葉は社内でもよく聞く。テイと略されることもあり、「事前に相談したテイでお願いしますよ」と言われたら、それは「本当は相談していないけれど、相談したことにしてください」という意味であり、なんだか怖い。了承すべきかどうか、判断は分かれる。

定時【ていじ】

就業規則で決められている、始業時刻と終業時刻のこと。会社では、終業時刻を指すことが多い。事前に上司に「今日は定時で帰らせていただけませんでしょうか。じつはこれこれの事情がありまして……」と根回しが必要な会社もある。それでも定時に帰るのは、なんだか気まずい。

DINKs【でぃんくす】カ

Double Income No Kidsの頭文字を取った語。共働きであり、子どもをもたないことを決めた夫婦のことを指す。養育費や教育費の負担がない分、お金の自由が増え、今を裕福に暮らせたり、将来に向けて計画的に貯蓄や資産運用ができたりする。加えて子育てがないことで時間にも余裕ができる。夫も妻も安月給でギリギリの生活を送っている場合は結婚

したところで子どもをもつのは現実的でないという判断を下すこともあるだろう。平均年収が下がり続けている日本の場合はどちらかというと、こちらのほうが多数派かもしれない。

手探り【てさぐり】

暗闇で先が見えないなか手先の感触で探ること。仕事では、正解が何かわからないままに試行錯誤を重ねる様子を指す。完了するのかしないのか、完了するにしてもいつ終わるのか、誰にもわからない。

デジタルイノベーション
【でじたるいのべーしょん】カ

デジタル技術を活用して新たな価値を生み出し、社会に大きな変化をもたらすこと。既出「ＤＸ推進」の項で記したＤＸとほぼ同義である。イ

ノベーションと横文字になることですごそうに聞こえるが、実態はキャッシュレス決済の導入やオンライン会議などであったりする。

ですます調【ですますちょう】

書き言葉において、語尾に「です」「ます」をつける口調のこと。読み手に対して丁寧な印象を与える半面、文面がまどろっこしくなりがちで、文意が頭に入ってきづらいという欠点もある。対をなすのが「だ・である調」で、こちらは文意がストレートに伝わりやすい半面、ぶっきらぼうだと思われたり、不遜だと思われたりしやすいという欠点がある。

出たとこ勝負【でたとこしょうぶ】

計画や見通しをいっさい立てず、さらに準備をすることもなく、運を天に任せてその場の成りゆきで決着をつけること。「今日のプレゼンは出たとこ勝負でいく」など、この勝負に挑むビジネスパーソンは意外と多い。要は準備不足である。ちなみに語源は、博打で、サイコロの出た目で勝負を決めることからきている。

丁稚奉公【でっちぼうこう】

年少者が下働きとして商人や職人の家で勤めはじめること。現代では、若手社員がまるで上司の弟子かのように仕え、上司の仕事を手伝いつつ、上司の無茶ぶりにも応えながら、仕事を学びつつ信頼を得ていく過程を指す。ビジネスの成功者がよく、セミナーや書籍で「若いうちは丁稚奉公だ」と唱えるため、美化されやすいのだが、現実には丁稚奉公した結果、身勝手な上司に使い倒されて、ただつぶれていった人も多くいることを忘れてはならない。

デッドライン【でっどらいん】カ

「このラインを越えてしまったら死が待っている」というくらいにギリギリの一線。おもに納期の締め切り時刻を指していう。社外向けと社内向けの2種類がある。

鉄板【てっぱん】

確実に外さない、まずまちがえることはないという絶対的な信頼をおけるさまを表す。鉄板は硬いことから、競馬や競輪などのギャンブルで「本命が負けることはまずない、堅いレース」の意味で使われていた。今は会社でも、「A社から契約をいただけるのは鉄板だ」などと使われている。ただし競馬や競輪でも、鉄板レースのはずが本命が負けて大荒

れになる事態はひんぱんに起こっており、それは会社においても同じである。

てっぺん【てっぺん】

深夜0時のこと。アナログ時計の長針と短針がともにてっぺんを指すことから。ただし正午はてっぺんとは呼ばない。もともとはテレビ業界の用語である。「なんとかてっぺんまでに終わらせよう」「てっぺん死守で仕上げてください」「もうてっぺんか」など、とにかく深夜0時になっても全力で働かなければならないほどのせっぱつまった事態によく使われる。よく使う人は、そういう働き方をしているということだ。

鉄砲玉【てっぽうだま】人

鉄砲の弾丸のように、ひとたび飛び出したら戻ってこない人のこと。玉砕覚悟で上司になんらかの苦言を呈する役目を担う人を指す。さながら任侠映画の風情が漂うが、本当にそのような人は会社にはいない。

手離れ【てばなれ】

自分が担当している仕事が完了し、次の担当者へ渡ること。俗にいう「ひと段落」の状態である。しかし

まれに、手離れしたはずの仕事が大きなトラブルとともに舞い戻ってくることもある。

出前【でまえ】

注文して料理を届けてもらうサービスのこと。Uber Eatsや出前館など、配達プラットフォームの発達で一気に一般化した。会社では、チームみんなで夜遅くまで働いているときに、上司が「出前でも取るか！」と声を上げるイベントがたまに発生する。士気が一気に高まる瞬間だ。

テリトリー【てりとりー】カ

会社間や部署間、各社員間の仕事の持ち場のこと。任侠の世界のように、会社でも、他人のシマを勝手に荒らすことは許されない。自分の持

ち場を踏み越えて仕事をするには、関係各所に仁義を切る必要がある。

出る杭【でるくい】

ことわざ「出る杭は打たれる（才能のある者は妬まれたり嫌われたりして、その才能を発揮することを邪魔されやすい。また、出過ぎた言動をすると嫌われやすい、の意）」から、会社のなかで、才能があるばかりに妬まれていたり、出過ぎた言動をするために嫌われていたりする人を指す。どちらかというと後者を指すことが多い。

テレコ【てれこ】カ

① 順番が前後したり、何かが逆になってしまったりすること。「すみません、プログラムの順番がテレコになっちゃって……」などと使う。うっかり者がこれを起こしやすく、そのような者は、テレコを直す過程で新たなテレコを発生させてしまったりもする。もともとは歌舞伎用語で、異なるふたつの筋書きを、関連性をもたせながら1幕おきに交互に展開していくことを指していた。

② テープレコーダーの略。最近ではすっかりICレコーダーに取って代わられた。

テレワーク【てれわーく】カ

インターネットを活用することで実現できる、場所や時間にとらわれない働き方のこと。tele（離れた）とwork（仕事）を組み合わせた語。わざわざ会社に出勤せずとも、自宅や近所のカフェなど、自分の働きたい場所で働くことができる画期的なシステムだ。年配者のなかには「テレホンワーク」の略だと思っている人も多いが、ちがう。

転勤族【てんきんぞく】人

短期間で次々と勤務地が変わる会社員や公務員を指す。いわゆる「飛ばされる」とはニュアンスがまったく異なり、優秀で将来を期待されているがために「地方で経験を積んでこい。その経験を本社に戻ってきたと

きに活かせ」の思いを込めて送り出されることが多い。まれに、本社近くに持ち家を買った途端に転勤族に指名される残念な人もいる。最近は地域限定採用が増えて、転勤族は減りつつある。

天狗【てんぐ】👤

想像上の生き物。鼻が長いその見た目から、一般社会では高慢だったり、うぬぼれていたりする人のことをこう呼ぶ。社会人としての経験が浅いままに大きな数字を叩き出したり、大きなプロジェクトを成功させたりする人はこうなりがちで、陰で「あいつは最近、天狗になっている」とささやかれることになる。調子に乗っている時期に何かしらの失敗をしでかすことを「天狗の鼻がへし折られる」といい、そのような姿を見ると周囲の溜飲も下がる。

転職サイト【てんしょくさいと】

転職希望者と、中途採用を試みている企業とを結ぶプラットフォーム。大半の会社員は、表向きは会社に忠誠を誓いながら、こっそりとこれに登録している。なお人事部では、自社の社員が登録していないかチェックしていることがある。

テンパる【てんぱる】

余裕がないさま。仕事の量が自分のキャパシティをオーバーしたり、とてつもない大舞台を前にしたり、締め切りまで時間がなかったりするときに陥りがちである。もともとは麻雀用語で、テンパイ（あがる手前）の状態になったことを指す言葉だった。大きなチャンスを表す言葉であるはずが、なぜかせっぱつまった心理状況を指す言葉になった。麻雀をしない人には伝わらない。

テンプレ【てんぷれ】🈑

テンプレートの略。ひな形のこと。面識のない人に仕事をオファーするためのメールも、新企画を会議で提案するときの企画書も、営業先へのプレゼン資料も、何かをやらかしてしまったときの始末書も、先人がつくったテンプレがあると短時間で仕上げることができる。ただし、テンプレを流用したばかりに、前回使った言葉がそのまま残ってしまって、「コイツ、横着しやがって」とバレてしまうことがある。

顛末書【てんまつしょ】🈪

仕事でなんらかのトラブルやミス、不祥事などを起こしてしまった場合

に、発生した日時や経緯などの一部始終を報告し、原因、現況、再発防止策などを説明する書類。謝罪や反省の意を示す始末書とは異なり、あくまでも事実関係や今後の対応を淡々と書くことが求められる。まったく縁のない人と、書きまくる人とに二分され、書き慣れていくと説明する能力が上がる。それでも書かないにこしたことはない。

電話番【でんわばん】

会社の代表電話に出る担当者のこと。新人や、各部署の最年少者が指名される場合が多い。代表電話に多く出ることで、まわりの社員の人間関係を学ぶことができる。しかし昨今のハラスメント意識の向上により、「電話応対が苦手な人に電話番を押しつけるのはテレフォンハラスメント（テレハラ）だ」という声も上がっている。時代は変わった。

同一労働同一賃金
【どういつろうどうどういつちんぎん】 制

性別や雇用形態、人種、宗教、国籍などを問わず、同一の職務内容に従事するものには同一の賃金を支払うという制度。働き方改革の一環として、2020年4月から適用された。正社員と非正社員の待遇差を解消する目的でつくられた制度だが、今度は非正社員のなかで格差が生まれるという問題が発生しており、スムーズに運営できている企業は少ない。

同期【どうき】

自分と同一年に入社した人のこと。入社直後は仲がよく、おたがいの部署の不満をぶちまけ合ったりするが、その後、実績や給料で差ができはじめるとだんだん疎遠になっていく。入社後数十年経ち、おたがいにそれなりの役職に就くようになると、「オレとアイツは同期の桜だから」と、ただ両部署の長どうしが同期だからという理由だけで部署をまたいだ重大案件が決まることもある。

同窓会【どうそうかい】 行

同じ学校、同じ学年でともに過ごした仲間が大人になってから集まる、親睦の場。学生時代に比べて、ルッ

クスや年収、勤務先の規模など、あからさまに差がついているであろうことが容易に想像できるため、今の自分に自信がもてないとなかなか参加しづらい。ただ、参加したら参加したで、おたがいに社畜としてつらい環境を知って安心するあまり花が咲いたりして、結局は参加してよかったと思えることも多い。なお、恋はあまり生まれない。

同調圧力【どうちょうあつりょく】

コミュニティのなかで、少数意見をもつ人に対して、多数派の人と同じように考えて行動するよう、言外に圧力をかけて強制すること。おもに退勤のタイミングや有給休暇を取るときにこれが発生する。一方、多数派に属している場合のほうが話はより深刻で、「自分がまわりの人と一緒だ」という親近感や安心感はときとして、みんなでまちがった方向に進む危険をはらんでいる。みんなと一緒にがんばって働いているつもりが、いつの間にか会社に搾取されているだけだった、ということもあるから注意が必要だ。

堂々めぐり【どうどうめぐり】

話し合いにおいて、どれだけ時間をかけても話が前に進まず、同じとこ

ろをぐるぐると空回りし続けていること。結論の出ない長い会議でよく起こる。立場の弱い者にとっては厄介な現象である。ちなみに語源は、僧侶が祈願のために仏や仏堂のまわりを何度も回ったこととされている。もともとはとても健気でありがたいエピソードであったはずなのに、どうして現在のような意味になってしまったのか。

どうにかしろ【どうにかしろ】🗨

絶体絶命のピンチで発せられる、上司の叫び。「今月の売上が5000万円ショートしそうです！」「どうにかしろ！」「どうがんばっても納期に間に合いそうにありません！」「どうにかしろ！」「Aくんが過労でぶっ倒れました！」「どうにかしろ！」。意外とどうにかなる。

独身寮【どくしんりょう】

会社が、未婚の従業員を住まわせるために用意している寮。本来は会社から離れてリラックスできるはずの住まいもまた、会社の管理下に置かれ、会社の人間関係に縛られるのが大きなポイントである。同年代の人がいると楽しいものだが、仕事では「キミ、寮住まいだから徒歩で帰れるよね。終電を気にしなくていいからいっぱい働けるよね」とたくさんの仕事を振られたりもする。

所ジョージ【ところじょーじ】人

シンガーソングライター、コメディアン、俳優。バラエティ番組で見せるほどよい脱力感や包容力、穏やかな口調から放たれる鋭い突っ込みが多くの人の心をつかみ、理想の上司ランキングで長く上位に君臨している。ただし、本当に上司だと、かなり早起きをしてかなりマニアックな趣味につきあわされそう。

特化【とっか】

ある特定の分野を集中して伸ばし、商品に特徴をもたせること。秀でている長所のみに注目させ、短所をうやむやにする効果がある。

トップダウン【とっぷだうん】カ

会社の上層部が意思決定を行い、その決定どおりに実行するよう部下に指示する統率手法のこと。反意語はボトムアップで、こちらは部下からの意見を吸い上げつつ全体をまとめる統率手法を指す。どちらの統率手法も、トップやボトムが無能だと不幸なことになる。

トップバッター
【とっぷばったー】カ 野

野球のたとえシリーズ。しかし意味としてはただ単に、順番としての1番手となる人を指しているだけであり、これをたとえと呼べるのかどうかはよくわからない。

飛び込み営業
【とびこみえいぎょう】

面識のない会社や人に、いきなり電話をかけたり訪問したりして商品を売り込む営業手法。当然、けんもほろろに断られるケースがほとんどだ。そのため心身ともにボロボロになる営業マンは多く、この営業手法をとる会社は離職率がとても高い。しかし、苦境をくぐり抜けた数少ない猛者のなかには、その後独立して成功している人が多い。なぜなら起

業して最初にやるのは飛び込み営業だからだ。また、飛び込み営業マンは経営陣や上司から「飛び道具」と裏で言われていることが多く、飛んでいったまま使い捨てにされがち。

とらばーゆ【とらばーゆ】物

かつて一世を風靡した、女性向け求人情報誌。女性の就職・転職情報に特化しているのが特徴で大きな支持を得て、「女性の転職」の代名詞となった。1980年に創刊し、2007年に紙媒体での雑誌を休刊。現在は女性の求人・転職サイトとなっている。なお、雑誌の意味でこの言葉を使うと、年齢がある程度バレてしまう。

とりあえず謝る
【とりあえずあやまる】

ビジネスパーソンに必要な心得。謝れない人が増えているなか、素直に謝れるという至極当たり前のことが長所になる時代が到来した。どう考えても理不尽に怒られているような状況でも「そんな気持ちにさせてしまって申し訳ありません」と、とりあえず謝っておけば、相手の怒りは収まり、大事には至らない（そうでないケースもある）。ただしこれは社畜のはじまりとなる。

とりあえず3年
【とりあえずさんねん】

どんなにひどい会社や労働環境であっても、ひとたび就職したならば我慢して働き続けたほうがよいとする教訓。「3年」の根拠は不明だが、おそらく「石の上にも三年」ということわざからきている。終身雇用が当たり前だった時代には「せっかく就職した会社をすぐに辞めるなんてもったいない。辛抱がない」「最初は嫌でも、続けていればその会社の良いところが見えてくる」という考えが大多数だったが、転職が一般的となり、第二新卒の求人も多い現在では「ヤバそうならばさっさと辞めてしまったほうがいい」という考え方のほうがむしろ主流。実際に時代の変化が激しい現代では、3年も経つと時代そのものが変わっており、我慢が役に立たないケースが増えている。

取り急ぎ【とりいそぎ】

時候のあいさつも世間話も省略して、要件のみを伝えたいときに使う言葉。対面よりも、メールやLINEなどの文面で使うことが多い。どちらかというと「急いでいるから」というよりも「要件以外の文章を考えるのも書くのもめんどうくさいから」という理由でよく使われる。とくにお願いするわけではないメールの文面で「よろしくお願いします」の代わりに文末に使うこともある。

取り込み中【とりこみちゅう】

忙しくて対応できないこと。電話で「○○はただいま取り込み中でして……」のように使われるほか、「別件で取り込み中で、進行が滞っており申し訳ありません」のように、仕事が遅れているときの言い訳としても使われる。

取締役会【とりしまりやくかい】

株式会社における業務執行の意思決定機関。会社の偉い人が一堂に会する重要な会議だが、あまりに雲の上のため、そこで何が話し合われているのかを知る社員は少ない。社内に利害関係のない総務部の人に聞くと、意外と内容を教えてくれる。

取り巻き【とりまき】👤

有力者のまわりにつき、ご機嫌をとる人。類義語に「イエスマン」「腰巾着」「太鼓持ち」などがある。ワンマン社長には必ず取り巻きがいる。

泥舟【どろぶね】

泥でつくった、溶けて沈んでしまいそうな船。すぐに頓挫してしまいそうなプロジェクトや組織をたとえてこう呼ぶ。自信満々に「大船に乗ったつもりでいてくれたまえ」と豪語するリーダーがいる組織に限って、泥舟だったりするからタチが悪い。

トントン【とんとん】

プラスマイナスゼロの状態のこと。類義語に「いってこい」がある。社外で使うときには謙遜、社内で使うときには「損しなくてよかった」のニュアンスが強い。

社畜 × ルポルタージュ

女工哀史

細井和喜蔵／著
改造社
1925年

文筆家・細井和喜蔵が1924年に雑誌『改造』に発表し、翌年に単行本化されたルポルタージュ。当時の日本の経済発展を担った紡績業・織布業の工場で働いていた女工（女子労働者）の過酷な実態を描いている。女工募集の文言がウソに満ちあふれていたり、睡眠時間を削ってまで働かされたり、理不尽な罰金制度があったりといった描写は、当時の女工が置かれた過酷さを思って言葉を失うと同時に、現代のブラック企業にも通じるものがあると感じるはずだ。聞き書きや統計も随所に入れ込まれている同書には、著者自身が10代半ばから紡績工場で織機の見習い職工として働いていた経験と、著者の妻が紡績工場で働いていた経験も大きく寄与している。

社畜 × 漫画

特命係長 只野仁

柳沢きみお／作
講談社
1998年

昼の顔は、月の半分は早退、遅刻、欠勤という地味でさえない窓際会社員。しかし夜の顔は、勤務する大手広告代理店・電王堂の会長である黒川からの特命を直々に受け、社内外のトラブルを表沙汰になる前に解決して会社を救うトラブルシューター。それが電王堂総務二課の係長・只野仁である。特技は空手とセックス。このふたつを存分に活かしてトラブルを次々に解決していく。世の男性ビジネスパーソンにとってはあこがれと羨望の的となる生きざまであり、2003年にテレビドラマ化されたことで人気に火がついた。続編として『新・特命係長 只野仁』『特命係長 只野仁 ファイナル』『特命係長 只野仁 ルーキー編』『特命課長 只野仁』も刊行された。

な 行

何年働けば一人前になれるか？　それは十人十色。半年だろうが、3年だろうが、自分でやりがいを見つけて、プライドをもって取り組めば、すぐに一人前になれる。「量より質」が、プロフェッショナルの基本だ。

内定取消【ないていとりけし】

ある採用応募者に対していったん採用する旨を通達し、雇用契約の締結を約束しておきながら、会社が一方的に取り消すこと。2020年のコロナショック後に多く起こってしまった。ただ、卒業できずに内定を取り消さざるを得なかったり、SNSでとんでもなく差別的な発言をしているのが見つかったりと、内定者側に明確な問題があっての取り消しもしばしば起こっている。

内部告発【ないぶこくはつ】

会社内の人間が、公益保護を目的として、組織内の不正や犯罪を外部の監督機関、報道機関などへ知らせること。効果はとても大きく、組織内の不正や犯罪が明らかになる場合は、そのほとんどがこれによるものだと言っていい。告発者にとっては最終手段である。

流す【ながす】

① 予定していた行事を中止すること。「打ち合わせの予定を流す」
② 連絡事項を伝えること。「会議の内容はメールで流しておきますね」
③ 真正面から受け止めないこと。「あいつの言うことなんて軽く流し

ておけよ」
④ 力を入れず、軽くこなすこと。「あと1日働けば3連休。今日は軽く流そう」

泣く【なく】

引き受けるとネガティブな事象をこうむることが明らかな案件を、しぶしぶ引き受けること。断れるものなら断りたいが、それが許されない悲哀を表すフレーズである。他方、いったん引き受けた案件があまりに厳しすぎて返上したいと訴えることを「泣きを入れる」という。ビジネスパーソンは、よく泣く。

投げる【なげる】

自分の手元から相手に何かを渡すこと。「メールを投げる」「質問を投げる」「指示を投げる」など、仕事におけるたいていの行動はこのフレーズで表現できる。ただし「仕事を投げる」となると、「嫌になって投げ出す」といった別の意味合いにとられてしまうこともある。

仲人【なこうど】人

結婚の仲立ちをする人。かつては相手探しや見合いの段取り、両家へのあいさつの段取り、結婚までを世話

しており、仲人は親同然という暗黙の了解もあった。今やすっかり形骸化し、新郎の会社の上司夫婦にお願いするのが定番となっている。そして結婚式では仲人があいさつで余計なことを言うのも定番。また、仲人によって社内の派閥に組み込まれることもある。

雪崩【なだれ】

① ひとつの仕事で遅れが生じたために、次の仕事が遅れてしまい、そのためにまた次の仕事が遅れてしまう現象。仕事と仕事の合間にあらかじめゆとりを設けておけば食い止められるのだが、現実にはそんなに余裕をもって仕事をしている人などいない。ドミノ倒しのように、すべて仕事が台なしになる可能性がある。
② だらしない人のデスクに積み上がった書類の山が、何かの拍子で崩れること。どの職場でも必ず見かける光景である。

何かあったら連絡ください
【なにかあったられんらくください】🗣

直帰前や有休前に聞く言葉。「いつでも対応するつもりですよ」という態度を見せつつ、言外には「よっぽどのことがない限り連絡してくるなよ」の思いが強くにじみ出ている。

名ばかり管理職
【なばかりかんりしょく】👤

管理職に相応する権限や報酬が与えられていないのに、名前ばかりそれっぽい役職を与えられ、「キミは管理職だから、割増賃金の適用外ね。これ、ちゃんと労働基準法に則ってるからね」と、残業代や休日出勤手当が支払われない従業員、またはそのシステムのこと。たしかに労働基準法には、「管理監督者は割増賃金の適用外」と明記されているのだが、相応の役職手当が支払われているのが前提である。この穴を突き、ありとあらゆる従業員を管理監督者としてみなすことで人件費削減を狙う会社が増え、2000年代に社会問題化した。ヒラ社員として会社のためにがんばってがんばってがんばり抜いて、やっともらった役職が名ばかりでは、暮らしはいつまで経っても楽にはならない。ひとり課長、ひとり部長としてこの扱いに甘んじている人もいる。

成田悠輔【なりたゆうすけ】人

イェール大学のアシスタント・プロフェッサー、半熟仮想という会社で代表を務める。1985年生まれ。人間はデータを活用することで自身の存在理由や目的を見つけることができ、無駄のない行動を取ることで雑事から解放され、幸福を得られるという「幸福なデータ奴隷」論を提唱している。世代交代をめぐる「高齢者は集団自決、集団切腹みたいなのしかないんじゃないか」という発言で大炎上した。ただ、「一番ヤバいのは老人たちではなく、老人たちを囲んでいる人や僕たちが表面上その人たちを尊敬しているような雰囲気を醸し出すこと」とも語っている。

なるはや【なるはや】言

なるべく早く、の略。期限は定めないけれど、できるだけ早く用件をすませてほしいときに使う。「10万本の矢を用意してくれる？　なるはやで。できなきゃどうなるかわかってるよね」という理不尽な無茶ぶりにみごと応えた諸葛孔明は、処刑のピンチを免れた。ビジネスの世界でも似たような無茶ぶりはひんぱんに起こっており、いかに早く応えるかにビジネスパーソンとしての命がかかっているともいえる。社内では、

「急げ」をパワハラにしないための表現として使われている。ミスを起こされてその補てんを求める場合でない限り、社外の相手には使うべきでない。

なるほどですね【なるほどですね】言

「なるほどー」を丁寧にした言葉。目上の人がそれっぽいことを言ったときに「なるほどー」と相づちを打ってしまっては、なんだか上から目線なうえに、タメ口を利いているみたいになってしまう。そこで苦肉の策として生まれたのがこの言葉だ。厳密にいえば、日本語としては正しくないが、マナーにうるさい人でなければ気にならない。細かいことには目をつぶりたい。

ナレッジ【なれっじ】カ

役に立つ知識、情報、ノウハウのこと。たとえば社内プレゼンで企画が通りやすい人、営業成績のよい人、上司にウケがよく引き上げられやすい人はそれぞれ、うまくいくコツを自分なりに心得ているものだ。そのコツがこれに当たる。会社は「ナレッジを共有しよう」と促すが、現実には「なんで自分で工夫して苦労して身につけたコツをタダで教えなきゃならないんだ」と考える者は多く、共有はなかなか進まない。なお、この言葉をよく使う人がナレッジを蓄積しているかといえば、そうでもなかったりする。

ナンバー2【なんばーつー】人 カ

組織のなかで2番目に権力をもっている人。副社長、専務など、会社の組織形態によってその役職は異なる。トップたる人物は、日中は社外に出ていることが多くてなかなか捕まらないため、実質的な決定権はこの人物がもっていることが多い。

ニーズ【にーず】カ

需要のこと。マーケティング的な観点では、顕在ニーズ（顧客が明確に「これがほしい」と具体的なものを示せる需要）と潜在ニーズ（何がほしいのか顧客自身が気づいていないが、「こんなものいりませんか？」と提案されたら「たしかにほしい！」と気づく需要）の2種類がある。上司はよく「顕在ニーズをつかむのは誰でもできる。顧客の潜在ニーズを掘り起こせ」と発破をかけるが、そんなことが簡単にできたら苦労はしない。また、「若者のニーズを満たす商品を」なんてこともよく言われるが、そもそも現代の若者には欲がなく、ニーズもないため、ただあがくだけで徒労に終わることも多い。

ニート【にーと】カ

Not in Education, Employment, or Trainingの頭文字（NEET）。15歳以上34歳以下で、学校に通わず、働きもせず、職業訓練も受けていない人を指す。社畜とは相性が悪く、ネット掲示板やSNSでは、ニートが社畜をバカにし、社畜はニートをバカにするという対立関係をしばしば見かける。

握る【にぎる】

賭けの隠語。語源は、掛け金が成立したときにおたがいが握手することから。賭けをともなうゴルフを「握り（あるいは握りゴルフ）」と言っ

たりするが、もちろん現金を賭けるのは犯罪である。

二重敬語【にじゅうけいご】

ひとつの語について、同じ種類の敬語を二重に使ったもの。たとえば「明日、13時に御社へうかがわせていただきます」の場合、「うかがう」がすでに「訪問する」の謙譲語であるにもかかわらず、さらに謙譲語の「させていただく」を後ろにくっつけているため、二重敬語に当たる。そのほか、「おっしゃられる」（おっしゃる＋られる）、「拝見させていただきました」（拝見する＋させていただく）など、社内外でへりくだり癖がついている人が使いがちな言葉はことごとく二重敬語だったりする。

日曜日【にちようび】

土曜日と月曜日のあいだにある日。多くの会社は休日としている。会社

員にとっては束の間の休息日……のはずなのだが、接待ゴルフに駆り出されたり、次の日からの1週間のことを考えたら憂鬱になったりと、心身ともに完全に休息できることはそうそうない。疲れがとれず、寝るだけで終わってしまう人は、もう社畜化しているのかもしれない。

日経新聞【にっけいしんぶん】物

日本経済新聞のこと。日経平均株価の銘柄選定を行うなど、その名のとおり、日本経済に大きな影響力をもつ新聞である。そのほか多くの新聞と同じく、記事はスポンサーに甘く、非スポンサーに厳しくなりがちなのだが、ビジネスの現場では半ば神格化されており、新入社員に毎朝「今日の日経新聞を読んでの気になるトピック」を発表させる会社まである。昔はみんな、通勤電車のなかで読んでいた。

新田龍【にったりょう】人

ブラック企業アナリスト。働き方改革総合研究所の代表取締役。早稲田大学を卒業したのち、複数のブラック企業で、事業企画職、営業管理職、人事採用職を担当。その経験を生かし、各種メディアで労働問題・パワハラ・炎上トラブルについても

語っている。ビジネス本も多数執筆しており、社畜やその予備軍にとっては強い味方。本人のTwitterでは、ビジネスの場や社会が抱えている不条理や理不尽を指摘し、反響を呼んでいる。また、「ブラック企業で働いていて、これはいいなと思ったマイベストストレス解消法　一位退職」と発言。的を射ている。

日報【にっぽう】 物

その日一日、どのような業務を行ったのかを上司に報告する書類。書いた本人にとっては業務の確認や改善につながり、読む上司にとってはメンバーの仕事状況の把握や的確なアドバイスにつながる……のが理想だが、現実には上司は忙しすぎて流し読むだけ、書く側も忙しすぎてやっつけで書き殴るだけになりがち。

二刀流【にとうりゅう】 野

剣術の流派のひとつ。左右の手に一本ずつ刀を持って戦う。この意味から転じて、性質の異なるふたつの役割をかけもちする人を指す。プロ野球界に投手と野手の二刀流・大谷翔平選手が登場したことで、日常会話で登場する頻度が格段に増えた。会社側からすれば性質の異なるふたつの役割をかけもちさせたい場合にこ

れ以上ない便利な言葉となり、「よっ、二刀流！」「よっウチの大谷！」という見え透いたヨイショが日本全国の職場で発生している。ふたつのことをやると、なんでもかんでも二刀流とされがちである。

二番煎じ【にばんせんじ】

以前にやったこと、成功したパターンのくり返しで、新鮮味がないこと。一度煎じたものを使って、もう一度煎じ出したお茶は、飲めないほどではないものの、味が薄くておいしくないことから。企画書、プレゼン資料、忘年会の出し物……よく見れば、会社は二番煎じであふれている。パクリともいう。

二匹目のドジョウ 【にひきめのどじょう】

柳の下の二匹目のドジョウを狙う、を略した表現。柳の下でドジョウを捕まえた人を見て、自分も同じ手でドジョウを捕まえようとするさまから、ビジネスでは一度成功を収めた人やものごとをまねして後釜になろうとすることを指す。企画書、プレゼン資料、忘年会の出し物……よく見れば、会社は二匹目のドジョウであふれており、みんなドジョウすくいばかりしている。

人間関係【にんげんかんけい】

人と人とのつながりのこと。とくに会社や家族など、同じコミュニティ内のつながりを指すことが多い。若手社員が辞める原因で常に上位を占める。人間の悩みのほとんどはこれに起因するといわれる。会社と家との往復が続く生活では、日々つきあう人が限られてしまい、ちょっとした言葉のすれちがいや感情のぶつかり合いでも大きなダメージを受けがち。日本全国どの会社でも同じようなことが起こっている。会社の人間関係に疲れて趣味のサークルに入ったら、またそこでややこしい人間関係が誕生してしまう。ひとりでゆっくりしよう。

人間力【にんげんりょく】

社会を構成し運営するとともに、自律したひとりの人間として力強く生きていくための総合的な力。……なんとも漠然としてつかみどころがないように思えるが、じつはこれ、内閣府の人間力戦略研究会が2003年に発表した定義そのものである。なんか頼りになる、なんか応援したくなる、一緒に働きたいと思わせる、そんな人は必ず、この力を身につけている。さて、あなたはどうだろう。

認識【にんしき】🈁

おもに「〜という認識です」のかたちで使われ、「〜と思います」のかしこまった表現。頼りない、子どもっぽいという印象を与えかねないため、編み出されたとみられる。わざわざ硬い言い回しにすることで、しっかりと考えた印象を与えることができるが、じつはボカしているだけにすぎない。類義語に「〜という理解です」がある。

濡れ衣【ぬれぎぬ】

身に覚えのない罪。刑事ドラマや時代劇のなかでしか聞かない言葉だと思ったら大まちがい。会社の日常ではしばしば着せられうる。電話の向こうの相手が異様に怒っているが、「さっき電話に出て対応したヤツ」は誰か。他人のビニール傘をパクって帰ったのは誰か……。社内では日々、たくさんの事件が起こっており、巻き込まれずにすむかどうかは、日ごろの行いにかかっている。

寝かせる【ねかせる】

ちょっと行き詰まってしまったため、いったん手を止め、しばらく放置しておくこと。料理ならおいしくなるのだろうが、行き詰まった仕事を寝

かせたところで、いつの間にかうまくいくように勝手に仕上がっていることはそうそうない。また、寝かせているうちに忘れる人も多い。

ネグる【ねぐる】 ⚪カ

無視する、の意。英語のneglect（ネグレクト）からきている。意地悪で無視するのではなく、大きなことを成すべく限られた資源を集中して投入するために、ささいなことをあえて無視するニュアンスを込めるときに使う。「ここから先は本筋から外れますので説明をネグります」などと使うのだが、年長社員との会話のなかだと「ね、ねぐる……？」となってしまい、使いづらい。

ネゴる【ねごる】 ⚪カ

根回しする、事前に交渉する、の意。英語のnegotiation（ネゴシエーション）からきている。使用例として「予算についてネゴる」「人材配置についてネゴる」など。このあと登場する「根回し」の動詞的な使い方。日本語で「根回しする」と言えば十分通じるのだが、怪しい根回し、怪しい交渉であればあるほど、みんな英語を使いたがる傾向にある。

熱量【ねつりょう】

もっと成長したい、仕事ができるようになりたい、営業成績でトップになりたい、人の役に立ちたい、といったような、ガツガツと精力的に上を目指す姿勢のこと。若手会社員はもっていたほうが望ましいとされており、もっていないと「お前は熱がない」「冷めている」とやり玉に挙げられる。こうなるととてもめんどうなので、仮に本心ではさほど熱いものをもっていなくても、もっているふりをしたほうがよい。

寝てない自慢【ねてないじまん】

「オレはここ1週間くらい、ずーっと3時間睡眠でさ」「私は2時間半睡眠！」「お前ら甘いな。オレなんて3日前から今までに1時間半しか寝てないんだぜ？」といったように、自分がいかに激務であり、会社やま

わりの人から必要とされており、睡眠時間を削らざるを得ない状況にあるかを自慢し合うこと。本人たちはいたって真剣だが、端から見ればそれは、自分がいかに会社に搾取されているかの自慢に過ぎない。

根回し【ねまわし】

会議の場でいきなり話し合いをスタートさせるのでは、さまざまな意見が出すぎたり大きな反発があったりその場で判断できなかったりして収拾がつかなくなりそうな案件について、あらかじめ非公式の場で話し合い、合意を取り付けておくこと。予算、人事、スケジュール感など、複数部署の調整が必要なものに対して行われることが多い。行われる場は、オフィスのデスクのみならず、エレベーターの待合所や喫煙所、ランチ中、飲みの場など多岐にわたる。

寝技【ねわざ】

手厚い接待や裏工作など、水面下の動きで外堀を埋め、ややこしい案件を合意に取り付けること。これが得意な人は「寝技師」の称号を得る。

年賀状【ねんがじょう】物

新年を祝うあいさつ状。かつては取引先のみならず、自社の上司にも出すのが多くの会社の慣例であったが、近年では虚礼廃止（心のこもっていない、形骸化した儀礼を廃止すること）の考え方が広がり、社内での年賀状のやりとりを一切取りやめている会社もある。プライベートの年賀状ですら、SNSですませることが多くなった昨今、ビジネス年賀状が一切なくなる日は近いのかもしれない。なお、はがきサイズの年賀状画像をメールするという微妙な電子化も進んでいる。

年功序列【ねんこうじょれつ】制

年齢や勤続年数を重点的に評価し、会社のなかでの役職や賃金などを決める人事制度。一度会社に就職したら定年までめんどうを見るという終身雇用とセットのシステムであり、高度経済成長期には長期的な労働力確保とモチベーション維持に大きく寄与した。しかし社員の平均年齢が上がるにつれ人件費が経営を圧迫するようになったうえ、1990年代にはバブルが崩壊し、業績が悪化する企業が続出。さらにITの発展や経済のグローバル化によって、年長者が経験を駆使して質の高い仕事をするような時代でなくなり、徐々に機能しなくなった。現在は各企業、年功序列と成果主義のバランスをとりながら運用しているのがほとんどである。会社にしがみつくだけで定年まで雇ってもらえ、給料も自動的に上がっていった時代が、今となってはうらやましい。

年収【ねんしゅう】

1月1日〜12月31日の1年間で会社から支払われた総支給額のこと。したがって、手取り収入を指すわけではない。合コンや婚活市場における男性のスペックとしてトップクラスに重視される要素であり、しばしば男性どうしでもマウントの取り合いや煽り合いが起こる。

年俸制【ねんぼうせい】制

1年間の給与をあらかじめ決めて支給される給与形態。プロスポーツ選手によく見られる。前もって自分がどれだけの年収を得られるかがわかっているため、ローンをはじめとするいろいろな資金計画が立てやすい半面、たとえば9月に突出した成績を残したとしても、賞与に反映してもらえないというデメリットがある。のんべんだらりと働くには良いシステムかもしれない。ただし、ボーナスがないことに注意！

年末年始【ねんまつねんし】

12月末から1月初旬にかけての、1週間ほどのお休み。ゴールデンウィークと同じく、仕事の遅れを取り戻したり、自分の人生を見つめ直したりする期間として使われる。また、多くの企業でボーナスの支給直後であることから、自分の人生を見つめ直した結果、この休暇明けに上司に退職を申し出る人も一定数いる。

ノー【のー】言 カ

「否」の意。「ダメです」「いけません」

「承認できません」だと語気が強いが、「ノーです」となるととたんに柔らかくなり、すんなり受け入れられる。類義語に「NG」がある。

ノー残【のーざん】制

ノー残業デーの略。会社が設定する、定時で仕事を終えて帰らなければならない日のこと。一般的には週に1〜2日ほど設けられる。ただしこれが設定されたからといって仕事の量が少なくなるわけもなく、あふれた仕事は別の日に、通常より多く残業して処理することになる。

伸びしろ【のびしろ】

まだ残している成長の余地のこと。サッカー選手の本田圭佑が日本代表時代、いつまで経っても未完成な日本代表をこの言葉でポジティブに表現し続けたことから、ビジネスの現場でも広く使われるようになった。期待の意味でこの言葉を発する人は少なく、多くの場合は、どこを探しても粗しか見当たらない人に対する唯一のほめ言葉として使われる。

のほほん【のほほん】

気楽で、のんきにしているさま。このような人は周囲のバタバタには無関心でありながら、同時に謎のストレス耐性の高さを持ち合わせており、意外にもチームのピンチを精神面で支える存在になることもある。どのような会社にも、なぜかこういう人がいる。むしろいない会社はちょっとまずいかもしれない……。

飲み会【のみかい】行

酒を飲む会合のこと。公式なものと非公式なものの2種類が存在する。公式なものは、費用こそ会社が一部負担（または上司が多めに負担）するが、つねに上司のお酌をし、その発言に大きなリアクションをしなければならない。上司や先輩の好きなビールの銘柄を記憶せねばならず、出世しても上司がいる限り気苦労は続く。一方、非公式なものは、のびのびと飲めはするものの、費用は全額自己負担。止まらない話に身を任せて二次会、三次会と重ねて深酒となりがち。

飲みニケーション
【のみにけーしょん】

飲む＋コミュニケーションの造語。酒を飲んで交流を図ることを指す。昭和期は社内外ともにおたがいの信頼関係や連帯感を深める最有力の手段だったが、時代の変化とともに仕

事観・労働観も大きく変わった平成中期以降は一気に激減。さらに令和に入り、コロナショックの影響でもはや絶滅しつつある……と思いきや、オンライン飲みニケーションという新たなコミュニケーションのかたちが誕生。酒飲み文化はしぶとく生き残り続けている。

乗りかかった舟
【のりかかったふね】

ものごとをはじめてしまった以上、途中でやめるわけにはいかないこと。乗船して岸を離れたら、もう舟からは降りられないことに由来する。「舟に乗りかけている人」を指しているわけではない。仕事においてはほとんどの場合、「せっかく乗ったから最後までやり切るか！」というポジティブなニュアンスではなく、「降りたいけど今さら降りられない」というネガティブなニュアンスで使われる。そして実際、よく沈む。

ノルマ【のるま】カ

ロシア語で規則、基準の意。しかしビジネスの世界では、従業員に対して会社が強制的に割り当てた労働量や成果を指す。ノルマを達成することは目標ではなく義務であるため、達成したところでさしたる報奨はないが、達成できなかった場合にはペナルティが課せられることもある。厳しすぎるノルマ、恐ろしいペナルティはブラック企業を構成する大きな要素であり、従業員はペナルティへの恐怖から、ときには法の壁を踏み越えてまでノルマを達成しようと奔走する。

ノンキャリ【のんきゃり】カ

ノンキャリアの略語。国家公務員採用総合職試験でない試験を受けて採用された公務員のこと。おもに国家公務員専門職や国家公務員一般職、地方公務員などを指す。出世に限界があり、どんなに仕事ができても、国家公務員採用総合職試験を突破して採用されたキャリア組と同じような高みを目指すのは難しい。そのためモチベーションを失う優秀なノンキャリア組があとを絶たないという。民間の会社員ばかりでなく、公務員も大変なのだ。

社畜 ✕ 児童書

なぜ僕らは働くのか

佳奈／著　池上彰／監修
学研プラス
2020年

ストーリー仕立ての構成で、「働くとはどういうことか」「生きるとはどういうことか」が学べる一冊。主人公は、将来の夢をもてず、ただ漠然とした不安を抱えるばかりの男子中学生・ハヤト。彼はある日、まだ完成していない一冊の本と出会い、大きな成長を遂げていく。社会に出る前の若者向けの本ということもあり、温かくも前向きなメッセージであふれていて、会社員人生に息苦しさを感じていたり、ブラック企業でつらい思いをしたりしているビジネスパーソンの心をも解きほぐしてくれる。「人生100年時代」「AI」「SDGs」など、ビジネスパーソンとして生きていくうえでけっして外すことのできない重要なテーマもしっかりと押さえている。

社畜 ✕ 自己啓発書

7つの習慣

スティーブン・リチャーズ・コヴィー／著
キングベアー出版
1996年

アメリカの経営コンサルタント、スティーブン・リチャーズ・コヴィーによって著された自己啓発書。ビジネスの世界に限った成功法則ではなく、人生哲学や自助努力といった人生全般における成功原則を広く取り上げている。著者は自身の研究のなかで、成功にまつわる書物を過去200年分にわたって調査し、直近50年とそれ以前の150年とでは、解かれている内容がまったく異なることを発見。近年触れられていなかった50年以上前の成功法則を掘り起こして「7つの習慣」としてまとめたのが本書である。原著の刊行からは30年以上経つが、これまでに40カ国語以上に翻訳され、全世界で累計3000万部、日本でも200万部以上を売り上げている。

は 行

働くとは、「はた」を「楽」にさせることという人がいる。社内、部内、お客様にプラスを与えることが、プロフェッショナルの仕事であり、いつの時代もその姿勢は求められる。あなたは、まわりにプラスを与えているだろうか？

パーキンソンの法則
【ぱーきんそんのほうそく】

イギリスの歴史学者、政治学者であるシリル・ノースコート・パーキンソンが、1957年に『エコノミスト』誌で発表した法則。当時のイギリス行政の組織運営を分析してたどりついたという。法則は「①仕事の量は、完成のために与えられた時間をすべて満たすまで膨張する」「②支出の額は、収入の額に達するまで膨張する」のふたつ。つまり「時間はあるだけ使う」「金はあるだけ使う」のが人間の抗いがたい性だという。たしかにそのとおりだ。

パイセン【ぱいせん】🈞

親しみを込めて先輩を呼ぶときの表現。もちろん両者に一定以上の信頼関係があることが大前提で、入社初日から先輩をこう呼ぼうものなら一瞬で要注意人物入りとなる。

パイプ【ぱいぷ】🈹

他社や他業界の有力者との強いつながりのこと。「コネ」の社外版。営業のとっかかりとしても、業界全体に影響する情報のいち早い入手先としても期待できるため、パイプをもつ人間は重宝される傾向にある。

バカ息子【ばかむすこ】🈯

社長の息子のこと。ボンボンともいう。とくに、父親が社長を務める会社にコネで入社してきたくせに使えない息子を指すときに使われる。仕事ができないのなら厳しく指導すればよいのだが、いずれ社長になると見られるため、腫れ物に触るような指導しかできない。そして本人も「オレの父親は社長だから、どんなに仕事をしなくてもクビにならないし、むしろいるだけで出世していく」と開き直っている。まわりの社員にとってやり場のない怒りのはけ口となっているのが、この呼び名である。ごくまれに、仕事ができないことを素直に認め、謙虚に学ぼうとする息子もいる。低姿勢に出られるとそれはそれで気まずいので難しい。

歯車【はぐるま】

会社にとって、一人ひとりの社員のこと。「組織の歯車」のようにいわれるわりに、うまく噛み合うことはなかなかない。それどころか、歯車と歯車が離れておたがいに空回りしているケースも散見される。いかに噛み合わせるかが上司の腕の見せどころとなる。

派遣社員【はけんしゃいん】👤

人材派遣会社に登録し、そこからある企業に派遣され、その企業で指示を受けて業務を遂行する社員のこと。企業の正社員とは異なり、雇用主は雇用契約を結ぶ人材派遣会社となるため、給与や福利厚生は人材派遣会社の条件にしたがう。「ハケンさん」と呼ばれる。不景気になると「派遣切り」という、派遣先からの労働者派遣契約の打ち切りや派遣業者による解雇、雇い止めを受けることもある。

バジェット【ばじぇっと】🅒

予算の意。日本の会社では、「予算＝売上目標額」という意味になっていることがあるが、バジェットと呼ぶ場合は「ある計画を遂行するのに必要な金額の見積もり」となる。中

途半端にカタカナ語が流通する会社では「バジェットに余裕のないなか予算達成を果たした」のような、英語ができる人にとっては逆に難解な表現が使われる。

はしごを外す【はしごをはずす】

最初は「いいね、いいね」と乗り気だったのに、動き出した途端に援助を断ち切ること。中間管理職が上司からの追及を逃れるために、部下に対してよくやる。体感では、はしごを外すことより、外されることのほうが圧倒的に多い。

畑【はたけ】

その人が培ってきた専門分野のこと。「営業畑」「技術畑」「経理畑」など、さまざまなものがある。また、会社の偉い人が平社員時代にいた出身部署をこう呼ぶこともある。昔いた畑は何かと優遇される傾向にある。

バタバタ【ばたばた】

忙しいさま。ハッキリと「忙しい」と言うのは気がひける、または能力不足と見られるため、「自分に責任があるわけではない状態」のニュアンスを含むこの言葉がよく使われる。実際は、優先順位の高いほかの

仕事と重なって手つかずの状態になっている。頻度が多くなると信頼度が下がる。

働き方改革
【はたらきかたかいかく】制

2016年に安倍晋三内閣が閣議決定した経済対策のひとつ。労働者の視点に立って制度を改革し、多様で柔軟な働き方を選択できる社会の実現を目指そうという取り組みである。ただ、働く側は時短と給料アップ、雇う側は生産性向上を主眼に置くため、実現のハードルは高い。

ハック【はっく】カ

工夫して、仕事の質や生産性を高めること。アメリカのテクニカルライター、ダニー・オブライエンが2004年に生み出した「ライフハック」を発端に、「○○ハック」という語が次々と生まれ、世界中に広まっていった。日本では「攻略する」の意味でも使われ、「うちの会社の昇進パターンをハックした」「Ａ部長の説教パターンをハックした。これさえやらなきゃ怒られずにすむ」のようにも使われる。なんだかスケールの小さいものをハックしてばかりだ。

バッファ【ばっふぁ】カ

衝撃を和らげるための余裕のこと。たとえば、ある作業が遅れたことでいきなりプロジェクト全体が致命的なダメージを負わないように、作業と作業のあいだに日程的な余裕をもたせる場合に「バッファを設ける」という使い方をする。なお、いつの間にかなくなってしまうので「どうせ１週間くらいのバッファを設けているんでしょ」と、最初から「締め切りを延ばしてもらっても大丈夫」的な発想で仕事に臨んではいけない。

花金【はなきん】

「花の金曜日」の略。1980年代半ばから後半にかけて週休二日制を導入する会社が増えたことで使われるようになった。ただし、「金曜の夜こそパーッと遊ぼうぜ」の風潮は、バブル崩壊によりしぼんでいき、いったん死語となる。2017年２月から、経済産業省と経済界各団体は、毎月末の金曜には午後３時をメドに仕事を終えるよう企業に促し、旅行や飲み会、買い物などの消費をあおるキャンペーン「プレミアムフライデー」を実施。花金復活か!?　と思われたのだが……（続きは「プレミアムフライデー」の項参照）。

花見の席取り
【はなみのせきとり】行

社内行事でお花見をする会社における若手社員の仕事。業務時間中に労働として席取りさせるという生産性の低さマックスな伝統。なお近年は花見の席取り代行サービスが増えている。そりゃそうだろう。

派閥【はばつ】

会社のなかで、出身学校や出身地、業務上の利害、考え方、好き嫌いなどをともにする者どうしが、「会社のなかでどうやって影響力を強めていくか」と考えている、それぞれの小さな集団。多くの会社では、主流と傍流の2派閥にまず大きく分けられ、それぞれのなかにも小さな派閥が存在する。自覚なくいつの間にか属してしまっていることも。仕事のセクション分けとは別の精神的なつながりが求められることも多い。大企業の場合は、派閥に属さずに仕事を淡々とこなすのは容易ではない。

パフォーマンス
【ぱふぉーまんす】カ

① 仕事における実績や成果。あるいは実績や成果を出す能力。コンスタントに好成績を上げる人をハイパフォーマーと呼ぶ。
② 「最近のA部長の言動は、部下からの人気を取るためのパフォーマンスに過ぎない」という場合は、能力ではなく、人目を引くためにとるわざとらしい行動のことを指す。どちらかというと、①の意味で話題になりたい。

バブルのころは
【ばぶるのころは】言

1980年代半ば〜90年代初頭のバブル景気を謳歌した年長社員が、若い社員に対して古き良き時代を語る際の、お決まりの枕詞。「バブルのころは、内定者研修がハワイ旅行だったんだ」「バブルのころは、毎日会社の金で飲み食いして、毎日タクシーで帰れたんだ」「バブルのころは、格安で買った株がすぐに値上がりし

は

たんだ」と景気の良い話が多く飛び出すが、仕事に直結する話はほとんど出てこない。なお、伝説のディスコ（今でいうクラブ）の「ジュリアナ東京」をバブルの象徴のように語る年輩者がいるが、実際はバブル崩壊後の1991年に開店したので誤り。

原田曜平【はらだようへい】人

マーケティングアナリスト。1977年生まれ。芝浦工業大学教授、信州大学特任教授で、若者研究をライフワークとしている。「さとり世代」「マイルドヤンキー」といった流行語を生み出した。若者のことがわからなくなってしまった年配の社員にとって、考え方や行動の背景を解説してくれる貴重な人材。世代間のギャップが大きくなったことを象徴する人物である。

ハレーション【はれーしょん】カ

光が当たりすぎたせいで、写真を撮るときにぼやけて白く見えてしまうこと。転じて、ビジネスでは「悪影響」の意味で用いられる。「社長の息子が異動してきて、部内にハレーションが生まれた」のように使われる。ハレーションが起こるとギスギスした空気が漂い、下っ端は複雑な人間関係に振り回されることになる。

パレートの法則
【ぱれーとのほうそく】

全体の2割ほどの要素が、全体の8割ほどの成果を生み出しているという現象。80：20の法則とも呼ばれる。たとえば、上位2割のクライアントが、会社全体の売上の8割を占めていたりする現象を指す。社内を見ても同じく、全体の2割ほどの社員で、会社全体の売上の8割を稼いでいるはず。この2割は、会社にとっては精鋭のようで、じつはその大半が社畜であることも多い。

パワーバランス
【ぱわーばらんす】カ

権力や影響力の力関係のこと。会社はじつに微妙な力関係のバランスの上に成り立っている。たしかに社長は会社のなかでは一番えらく、役員

が会社の上層部にあたるのはまちがいないのだが、社員は必ずしも、役職が上の人ほど影響力をもっているとは限らない。課長より平社員でくわしい人のほうが影響力が高いこともある。会社で長く生き抜いていくには、役職名だけでなく、その状況下で「誰が本当に影響力を握っているのか」を注視する必要がある。

パワポ資料【ぱわぽしりょう】物

マイクロソフトが開発したプレゼンテーションソフトPowerPointでつくられた資料のこと。書類をスライド形式で作成し、美しいグラフを使って見栄えよく仕上げることができるほか、アニメーション加工も施せる。1行の文でキャッチコピーのように並べてスライドで展開させる手法は、会議でプリントアウトして配られると邪魔くさい。

半ドン【はんどん】制

勤務を午前中までとして、午後を休み（半休）にすること。完全週休二日制が浸透するまでは、会社や学校の多くが、土曜日にこのかたちを取り入れていた。今でも午後半休を半ドンと呼ぶ。ドンとはドンタクの略。フランス語で日曜日や休日を意味する言葉だ。

PDF【ぴーでぃーえふ】ソ

WordやPowerPointでつくった文書をPDFファイルに変換したもの。このかたちにすることで、相手がファイルを開いたときにフォーマットが崩れなくなるほか、ファイルを受け取った第三者によって加工されなくなるといったメリットがある。紙をやめる会社は増えており、PDFでのやりとりは当たり前になりつつある。ただし、PDF上で修正するソフトを持っていなければ、元のWordやPowerPointを直すことになり、めんどくさい。

PDCAサイクル
【ぴーでぃーしーえーさいくる】カ

Plan（計画）、Do（実行）、Check（評価）、Action（改善）からなるサイクルのこと。このサイクルをくり返すことで、品質改善や経費削減など、会社にとってはうれしいことが次々と起こる。そして回転の速度は速ければ速いほどよいとされている。ビジネス書によく登場し、「PDCAを回せ」としたり顔で言う上司が増えているが、適正な評価ができず改善の指導が下手な上司のせいで、サイクルの精度を落とす原因となっている。

は

B to B 【びーとぅーびー】 ｶ

Business to Business の略で、会社対会社の取引関係を指す。要するに一般消費者相手ではないことを示す。「うちの会社はB to Bのビジネスを展開してまして……」という言い回しは、初対面どうしが集まる異業種交流会でよく使われるが、きちんと訳すと「Business to Business のビジネスを展開している」となるわけで、違和感がある。類義語として以下がある。

BtoC（Business to Customer）：
　　会社対個人の取引関係
CtoC（Consumer to Consumer）：
　　個人対個人の取引関係

引き継ぎ 【ひきつぎ】

配属変更や退職などで担当者が代わる際、あとを受け継ぐ担当者に申し送りをすること。人材が流動化すればするほど重要になるが、雑になる。配属変更の場合、わからないことがあっても都度確認できる。しかし前任者が退職する場合は、確認するのはほぼ不可能となる。そして退職する者はめんどうなことはうやむやにして、そそくさと辞めていく。かくして日本では、退職した人間が置いていった不発弾が爆発する事件がそこかしこで起きているのである。

ピケティ 【ぴけてぃ】 人

フランスの経済学者、トマ・ピケティのこと。2013年に上梓した著書『21世紀の資本』はアメリカでは発売から半年で50万部売れ、世界中で大論争を巻き起こした。「21世紀後半にかけて、資本をもつ者ともたざる者との貧富の差は拡大していき、資本主義は自律的に崩壊する」と主張している。日本でも翻訳書が出版されてよく売れたが、分厚い本を買っただけで、読まずに満足した人もいる。

ビジネスカジュアル 【びじねすかじゅある】 ｶ

オフィスでも着用できる、ビジネスとしてふさわしい範囲内でのカジュアルウエアのこと。オフィスカジュアルとも呼ばれる。基準はかなりあいまいであり、また社風によっても許容範囲はさまざま。奇抜な服装で自己のセンスを主張する新人が現れると、上司や先輩はヒヤヒヤする。

ビジネスモデル
【びじねすもでる】カ

事業で儲けるための仕組みのこと。ビジネスパーソンは誰に、何を、どうやって売るかを考えるのが基本となる。が、残念ながら「売りたい、売りたい」が先に立ち、誰に、何をの議論がそっちのけになっている会社はとても多い。また、その業種にくわしくないコンサルタントがやってきて突拍子もないビジネスモデルを提案し、振り回されることもある。

ビジョン【びじょん】カ

将来に対する見通しや展望、未来像のこと。経営学では「中長期的に達成したい目標」と定義づけられており、ミッション（永続的に変わらない、自社の存在意義）、バリュー（ビジョンを達成する手段）とともに、会社運営の基本とされている。じつは正確に理解している経営者は多くない。ビジョンとミッションを混同して、ビジョンを固定、ミッションをコロコロ変える場合がある。しかししょせんは言葉のアヤなので、案外それでもうまくいったりする。

ひと手間【ひとてま】言

上司から見て、加えてほしいもう一工夫のこと。何かを加えてほしいんだけど、具体的に指示できない。でも、何かちょっと、今のままでは足りない気がする……。重要な部分を太字にしてみたり、グラフの色を分けてみたりとごく簡単なことであることが多い。悩む前に「こんなのでどうですか？」とやってみるのが早いかも。

ひとまず【ひとまず】言

なにはなくとも、の意。「ひとまず落ち着こう」「ひとまず座ろう」など、とにかく場を落ち着かせて安定させたいときに使いがちである。また、関係のない話で盛り上がってしまっている人たちをたしなめるときにも有効で、久々の酒の席に集まっただけで話が盛り上がってしまい、注文を取りに来た店員さんが入るスキがなく困っているときには、「ひとまず、注文しましょう」とツッコミを入れるとスマートだ。

独り相撲【ひとりずもう】相

相撲のたとえシリーズ。ふたりで行う相撲を、行司まで含めてひとりで演じ切る同名の大道芸が言葉の由来で、目の前の相手をまったく見ず、自分ひとりで気負って空回って消耗している滑稽な様子をこう呼ぶ。「今

日の商談は、最初から最後まで全部アイツの独り相撲だったよ」など。あいまいな指示をした結果、部下が失敗したとき、責任をかぶらないように上司が使う。

百歩譲って
【ひゃっぽゆずって】🈁

上司が部下を叱るときに使う定型の言い回し。パワハラが叫ばれる時代、「ミスをいちいち叱ることができない」というもどかしさが表現されている。いよいよ叱らなければならないとなったときに「ここまで我慢してきたが、この部分についてはあり得ない」といったニュアンスで使われる。つまり、この言葉で叱られるとき、上司はかなり怒っているのである。

ヒヤリ・ハット【ひやり・はっと】

「ヒヤリとした」「ハッとした」エピソード。ビジネスで有名な「ハインリッヒの法則」によれば、ひとつの重大な事故の裏側には、29の軽微な事故があり、さらにその背景には300の異常（ヒヤリ・ハット）が存在するとされている。ヒヤリ・ハットに気づくことが、重大な事故の防止につながるが、気づく人だけ心労が重なる。1990年代の前半に、アイルランド人の経験則をまとめた『マーフィーの法則』という本が日本でヒットした。この本には、「起こる可能性のあることは、いつか実際に起こる」と書かれている。ビジネスにおいて、事故を想定して対策しておくことは重要だが、実際の現場では、ミスが起こらない限り対策は講じられない。

ヒラメ上司【ひらめじょうし】👤

部下を省みず、上層部のご機嫌ばかりを気にしている中間管理職のこと。ヒラメが海底に生息し、目がいつも上を向いていることに由来する。このような上司の下につくと、無茶ぶりを押しつけられたうえに失敗したら責任をなすりつけられたり、手柄を横取りされたり、理不尽にいじめられたりと、とにかくとんでも

は

ないことがたくさん起こる。それなのに、やけに上からのウケがいいのがまた厄介なところだ。この人物が異動するか、わかりやすいやらかしをして管理職から外されるかするのを待つしかない。

あは♡

ひろゆき【ひろゆき】人

実業家。本名は西村博之。匿名掲示板「２ちゃんねる」の開設者で、元管理人。また、動画配信サービス「ニコニコ動画」の創設者のひとりでもある。近年は論破王かつ炎上王としても知られ、SNSを通して発信される過激な言動は、ときとしてメディアを巻き込んだ大論争となる。世代によって印象は異なり、20～30代は黄色いパーカーを着たYouTuber、40代以上くらいの人にとっては、ネット黎明期の流行に乗った人である。とにかく好き嫌いがはっきり分

かれるのが大きな特徴で、ビジネスパーソンも信者かアンチにきっちり二分される。

FIRE【ふぁいあ】カ

Financial Independence, Retire Earlyの頭文字を取った語で、意味は「経済的自立と早期退職」。アメリカで生まれた考え方で、2010年代、ヨーロッパや日本でも比較的若い世代にウケて瞬く間に広まった。「生活費25年分を貯蓄する」「投資のインフレ調整後の利回りを４％以上にする」のふたつが実現の条件であり、日本における目安は資産１億円といわれている。若手ビジネスパーソンのなかにはこれを目標に一生懸命働いて稼ぎまくる者もいるが、大半の人にとっては高すぎるハードルである。早めに１億円をつくれる人なら、もっとがんばって２億、３億とつくれるような……。

ファジー【ふぁじー】カ

あいまいである状態。「はっきりしない」というネガティブなニュアンスばかりでなく、「考え方が柔軟である」「臨機応変に対応できる」というポジティブなニュアンスでも使われる。上司から「ファジーな対応でお願いね」と指示が出されると、

は

指示自体がファジーなので何をやればいいのかわからない。

ファシリテート
【ふぁしりてーと】カ

会議が円滑に進むように、中立的な立場から支援すること。その役割を担う者をファシリテーターと呼ぶ。しかしファシリテーターを気取る者のなかには、他人事のように話を進めていく人が多く、参加者がイラついて「お前はどう考えているんだ！」と噛みつく場面もまれに見られる。

フィードバック
【ふぃーどばっく】カ

結果を報告すること。あるいは、修正箇所を付して軌道修正を促したりすること。「全部出そろったところでチェックして、フィードバックし

ますねー」「わかりましたー」というやりとりがなされながら、実際には何もなされずそのまま進んでしまうこともよくある。また、「ただ感想を述べるだけ」のフィードバックもよくある。

フィックス【ふぃっくす】カ

明確に固定すること。「来期の予算は5億円でフィックスしました」「あの件はAくんにフィックスした」など、活用範囲は広い。しかし「仮の予定をフィックス」することもあり、ややこしい。「確定ですね？」と念押しすることが重要だ。

50：50
【ふぃふてぃーふぃふてぃー】カ

五分五分であること。A案とB案、可決の可能性と否決の可能性など、両者のどちらに転ぶかわからないときに使う。二択の意見を求められたときには「いやー50：50っすねー」と言っておけば波風は立たない。

フォーマット【ふぉーまっと】カ

ひな形のこと。企画書やメールなどの文書、会議や忘年会の進行などにはすべて「ひな形」が存在する。時短のためにはとても便利だが、こ

は

れに頼っていると、フォーマットなしでは何も考えられない残念なビジネスパーソンに成り下がる。

フォロー【ふぉろー】カ

足りていない部分をカバーすること。「新人の商談をベテランがフォローする」のように使う。また、あることがらが一段落したあとでも引き続き追い続け、異変が起こったときに適切なアドバイスをすることを指すこともある。なお、英語の「フォロー」は「従う」という意味であり、逆の意味で使われる。

副業【ふくぎょう】

本業のかたわらで行う、別の仕事。かつては禁止する会社も多かったが、2018年、働き方改革の一環として政府が「副業・兼業の推進に向けたガイドライン」を発表したことで潮目が変わった。今や副業解禁は国策であり、副業禁止を唱え続ける会社は人材確保に悩むことになるだろう。近年は「複業」という言葉も定着しつつある。副収入を得ることを目的とする副業に対し、本業を複数もつのが複業だ。これを認める会社は、「終身雇用は保証できないから、ほかの稼ぎ口を見つけておいてね」と暗にメッセージを出している。

ぶしつけ【ぶしつけ】

礼儀をわきまえていない、しつけが身についていない、の意味。ビジネスの場では、言いにくいお願いをする際の枕詞として使われ、「ぶしつけとは存じますが、○○をしていただけますか」と言えば、無理が通りやすい。ただし、この言葉を使うとき本当に失礼なことをすると信頼を失うので、逆に丁寧な姿勢で臨まなければならない。

部署を越えて
【ぶしょをこえて】言

自部署だけでは行きづまったとき、上司の口からよく出る言葉。たとえば生産部門は生産部門だけ、営業部門は営業部門だけで考えるのではなく、両者が腹を割って話し合って協力して施策を打ったらどうだろう、といった提案で聞くことが多い。「もうアイデアがない」「他部署に助けてもらいたい」ときによく出る言葉で、むやみに部署を越えると無用なあつれきを生み、責任の所在はあいまいになる。

ぶっちゃけ【ぶっちゃけ】言

心中をうちあける「ぶっちゃける」を略した言葉。「今まで口には出し

ぶっちゃけ

は

ていなかったけど、本当のことを言うよ？」というニュアンスで使用されるため、そのあとに続く言葉は聞き流さないほうがいい。それほど親しくない目上の人、取引先などに対して使うと、口が軽い、軽率なもの言いをするヤツとみなされる。

無難【ぶなん】

可もなく不可もないさま。「無難な進行」「無難な企画」「無難なプレゼン」など。取り立ててほめるほどでもないけれど、取り立ててけなすほど悪くもないことに対して、おおむねポジティブなニュアンスで使われる。新しすぎず、古すぎず、奇をてらいすぎず、地味すぎず、ちょうどいいところにまとめてくれる安心感。日本の会社は無難が大好きだ。

ブラック企業【ぶらっくきぎょう】

労働者を物としてしか見ずに、さんざん搾取したあげくに使い捨てる企業のこと。厳しすぎるノルマ、度をすぎた長時間労働、パワハラやセクハラの放置など、どれひとつとっても、労働者が健康に生き生きと働けるとは言いがたい環境となっている。2000年代後半からこの言葉が一般的になったと同時に、日本には想像以上に多くのブラック企業が存在

することが浮き彫りになった。対義語に「ホワイト企業」がある。

ブラッシュアップ
【ぶらっしゅあっぷ】カ

直訳すると「磨き上げる」。現状、原案として見せているものを、よりよいものにすること。「磨き上げる」というと聞こえはいいが、程度や方向性が定まっていないと、とんちんかんな結果となることがある。

フラットな目線
【ふらっとなめせん】言

「アイツは好き、コイツは嫌い」「オレはこの部署の所属だから……」「こんなの実現できないんじゃないの？」「なんだかめんどうくさそう」といった偏見や雑念や固定観念を捨て、公

平に見つめること。主観を捨て、できる限り客観的に見ることを指す。「ちょっと、フラットな目線で見てくださいよぉ」と食い下がってくるヤツほど、偏見に満ちあふれているものである。

ブランディング
【ぶらんでぃんぐ】カ

クライアントや消費者にとって価値のあるブランドをつくりあげるための取り組みのこと。ブランドとは、自社の製品を他社製品と差別化するためにつくられたシンボルやデザインのことであり、ときに商品そのものの機能を越えた価値を放つ。近年では企業や製品だけでなく、人間に対しても使われ、「自分をブランディングする」という使われ方も広まっている。SNSでそれっぽいことを言ってはそれっぽい支持者を集めている人もいるが、価値は相手が決めるものであり、よく見ると経歴を自慢しているだけだったりする。

無礼講【ぶれいこう】

お酒の席や会合で、役職、年齢、社歴などは一切考えず、礼儀作法も無視してともに時間を過ごすこと。お酒好きな上司が部下と打ち解けたいがために、席の開始時、参加してい

る部下にこれを求める発言をする。部下の側はもちろん、鵜呑みにしてはいけない。実際には「個人的なことを多少つっこんで聞いてもいい」という意味である。

フレキシブル【ふれきしぶる】カ

臨機応変であるさま。具体策が何も決まっていなくても、「フレキシブルに対応します」と答えておけばたいていの場合は収まる。同じく、上司から「フレキシブルに対応して」と指示があった場合は、上司自身もどう対応していいのか策が見えていないと考えていい。近年では勤務時間を臨機応変に動かせる会社も増え、フレックス制と呼ばれる勤務体制も登場した（続きは「フレックス制」の項参照）。

ブレスト【ぶれすと】カ

ブレインストーミングの略。実現可能か不可能かを考えず、思いついたことをどんどん発言していい。新企画の立案時に行われることが多い。まずは思考の枠を取っ払い、可能性を最大限に広げることが目的で行われるため、誰かの発言をけっして否定してはいけないという鉄の掟がある。自由なようで、プレッシャーのかかる会議でもある。また、本当に

思いつきでしゃべる人がいると話が
脱線しがちになる。

プレゼン【ぷれぜん】カ

プレゼンテーションの略。今やすっ
かり略語のほうしか聞かなくなって
しまった。商品やサービス、企画な
どの内容をわかりやすく相手に説明
し、購入や協力を促す行動を指す。
PowerPointのさまざまな機能を使っ
たものは一見華やかだが、ひとたび
PowerPointが不具合を起こすと一
気に場が凍りつく。諸刃の剣である。

フレックス制
【ふれっくすせい】制 カ

あらかじめ決められた働く時間の総
量の範囲内で、労働者自身が始業と
終業の時刻や労働時間を決められる
制度。会社によっては、この時間は

出社せよという「コアタイム」が設
定される。正式にはフレックスタイ
ム制という。働く側にとっては自由
度が高い。しかし上司にしてみれ
ば、部下一人ひとりの勤務時間や休
憩時間、その成果をつかむのは容易
ではなく、また残業も命じにくいと
いう難しさがある。サボりやすい制
度なため、要領の差が大きく出る。

プレミアムフライデー
【ぷれみあむふらいでー】カ

2017年2月から経済産業省と経済界
各団体が実施しているキャンペー
ン。毎月末の金曜には午後3時をメ
ドに仕事を終えるよう企業に促し、
旅行や飲み会、買い物などの消費を
あおっている。かつての「花金」を
政府が推奨するとあって大きく盛り
上がると思われたが、「月末の金曜
はむしろ忙しい」「大企業は導入で
きるかもしれないが、余裕のない中
小企業は無理」といった不満が続出。

プロ意識【ぷろいしき】

会社員といえどももっていたほうが
良いとされる意識。おもに「よりよ
い仕事をするために、勤務時間外に
も研鑽を積む」「朝イチから高いパ
フォーマンスを発揮するために生活
習慣を整える」といったものが挙げ

は

られる。本来は、スポーツ選手や俳優、料理人、医師や弁護士など、みずからの能力や技一本で生計を立て、意識の高さによって収入が大きく変わる職業の人に必要なものである。対義語に既出「学生気分」がある。類義語として「プロ根性」があるが、こちらはより精神論的な意味合いが強く、この言葉で叱咤激励する上司は、社畜養成のプロである。

プロジェクト【ぷろじぇくと】カ

複数人が集まって大がかりに行う仕事のこと。浸透していくにつれて「大がかり」にあたる部分がだんだんとうやむやになっていき、グループで行うなんてことのない仕事もこう呼ばれることが増えてきた。やってる感を醸し出せる心強い言葉で、同窓会などで使われることが多い。

プロパー【ぷろぱー】カ

新卒時からその会社にいる、生え抜き社員のこと。会社の風土にどっぷり染まっていて、帰属意識も高い半面、ハングリー精神には乏しく、中途で入ってきた社員よりもどこかのほほんとしている傾向にある。プロパーと非プロパー（中途採用）の社員の間には溝が生まれることも多い。

粉骨砕身【ふんこつさいしん】

力の限り、一生懸命に働くこと。日本のほぼすべての会社の社長が従業員に求める姿勢である。「骨を粉にし、身を砕く」というまさに読んで字のごとく、自分を犠牲にして会社のために尽くす姿勢を示しており、令和の価値観にはそぐわない働き方となりつつある。経営者からすれば、全員がそうあってほしい。

平成【へいせい】

昭和のあと、令和の前の時代。昭和の濃厚エピソードほどの強烈さはないが昭和っぽい古さが残り、令和ほどの新しさはなかった、なんとも中途半端な時代であったともいえる。何かにつけて新しい世代とチヤホヤされた平成元年生まれの人も、今やすっかり会社の中核を担う年齢となっている。

平熱【へいねつ】

一般的な意味としては、平常時の体温のことを指す。会社員にとっての平熱は、かつては38度未満であるとされており、37度9分で会社を休もうものなら「アイツは平熱のくせに会社を休むのか」なんて言われ、なんとか出社して「これくらい平熱で

すから」とがんばる姿が美徳とされていた。しかしコロナ禍を経てその概念は大きく変わり、現在では37度以上だとオフィスに入ることを禁止する会社も多い。ちなみに日本人の平均体温は36度8〜9分。みんなが思っているよりも高い。

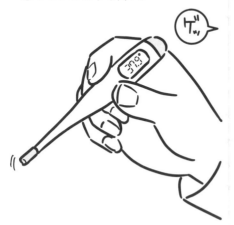

ベター【べたー】カ

課題点や問題点に対処するとき、最善・最適（ベスト）ではないが、現状より比較的マシな結果が得られそうな手法を形容する言葉。上司から「ベストではないがベターだ」と言われた場合、「そこそこだ」と評価されたことになる。裏を返せば平凡かつ無難であることを意味し、ほめられているわけではない。ベターをそつなくこなし、会社や上司の想定の範囲内で仕事をしていると、なぜか社畜化しやすい。

ヘッドハンティング
【へっどはんてぃんぐ】カ

他社、他部署の優秀な人材に声をかけて引き抜くこと。ヘッドハンターがやってくるほど高い能力を有するビジネスパーソンは、転職市場でモテモテになる。転職市場においては、多数のヘッドハンターが在籍する会社があり、「あなたの能力は他社で重宝されます！」という言葉で誘ってくるが、実際は企業から「こんな感じの人を採用したい」と言われ、条件に合いそうな人を見つけてスカウトしているケースがほとんど。大企業の役員クラスであれば、本当に「ヘッド」の「ハンティング」が行われているケースもあるが、中小企業では、そこそこの給料で会社のために身を粉にして働いてくれそうな人を求めている。年収はちょっと上がるかもしれないが、その道はたいてい社畜まっしぐらだ。

ペラ一枚【ぺらいちまい】物

ペラは紙のことで、一枚であることを指す。社内のプレゼン資料や報告書、企画書などは長々と書かれていてもくわしく目を通してくれないため、「最初はペラ一枚で提出」というルールが設けられている会社は多い。細かいところまで目を通すと時

間がかかってしまうため、時間をかけて練り込んだ書類をつくるよりも、要点だけを一枚にまとめたほうが伝わるからである。ただ、経験の浅い社員にとっては膨大な情報をペラ一枚にまとめることがそもそも困難であり、結果として時間がかかってしまう。

ベルトコンベア式
【べるとこんべあしき】

流れ作業のこと。仕事の流れが、ベルトコンベアのように一定で、完全に誰かにコントロールされている様子からきた言葉である。「流れ作業で」と言うとやっつけ感が出てしまうが、「ベルトコンベア式で」と言うと、なんだか特別な方法で進めるように聞こえる。

勉強会【べんきょうかい】行

あるテーマについて関心のある人が集まり、議論して学ぶ会。ただし社内勉強会の場合は、テーマに関心があろうがなかろうが強制的に集められ、議論させられて学ばせられる。課題だけ出して終わるケースも多い。

勉強して【べんきょうして】言

「値下げしてください」の意味。平

成初頭に引っ越し業者のCMで登場して浸透した。近年は死語となりつつあるが、家電量販店などではいまだに使われる。若い世代にこの言葉を使うと、相手がペンとノートを取り出しかねない。その場合は希望する金額をメモしてもらおう。

ベンチ【べんち】野

野球で監督やコーチ、控え選手が待機している場所のこと。ビジネスでは、前線で働かない人たちを意味する。「ベンチがバカなので」（上層部が無能なので）、「ベンチ行き」（裏方にまわされる）など、ネガティブな表現で使われる。しかし、レギュラー（前線で働く人）はベンチの支えの存在を忘れてはならない。

ベンチャー【べんちゃー】カ

企業として新しい事業に取り組むこと。会社そのものを新しく立ち上げて新事業を興す場合、その会社をベンチャー企業と呼ぶ。同僚が社畜から抜け出してベンチャーを立ち上げると聞いたときには、みんな口では「がんばれよ」と声を掛けるが、内心では妬みから「失敗しろ」と考えている人も少なくない。実際、ベンチャー企業の多くは数年で廃業する。

は

ペンディング【ぺんでぃんぐ】カ

未決定、保留の意。ビジネスでは、進めていたプロジェクトをいったん中断することを指す。漢字にするとダメな印象が強いため、カタカナ語で使われがち。そのまま立ち消えになることも少なくない。

方向【ほうこう】

気持ちや行動の向かう先。おもに「○○の方向で」のかたちで使われ、「○○してください」を意味する。はっきりと「○○してください」と言えばいいのだが、日本のビジネスパーソンはあいまいにボカすことを好む。「方針」よりもあいまいで、発言者が責任を取らなくてよいケースで使われる。「じゃあ、その方向で」「A案をベースにする方向で」「昼食補助はカットの方向で」。ビジネスパーソンはさまざまな方向に進むが、たいていは軌道修正される。

法定労働時間
【ほうていろうどうじかん】制

労働基準法によって定められた、労働時間の上限のこと。1日8時間、週40時間となっている。これを超える労働時間に対しては、会社は割増賃金を支払わなければならない。な

お、会社が決める労働時間は所定労働時間という。最近は、フレックス制や在宅勤務の導入が進み、ホワイトカラーエグゼンプションの議論が行われたりするうちにうやむやになったり、軽んじられたりしている。

忘年会【ぼうねんかい】行

一年の苦労をねぎらい、忘れるため、年末に催される宴会。役職や部署を越えた歓談のほか、ゲームやビンゴ大会、その年活躍した社員の表彰などが行われる。幹事は通常、持ち回りで担当するが、毎年押しつけられる人もいれば、みずから毎年やりたがる人もいたりとさまざまである。上司たちが参加する一次会、二次会はまだ仕事の一環であり、上司たちがいなくなってからの三次会からを本当の忘年会とする説もある。

ホウレンソウ【ほうれんそう】

報告・連絡・相談の頭文字をつなげて略した語。上司・部下のあいだで交わされる３大コミュニケーションである。一般的に、ホウレンソウをしっかり行えば、上司からの評価は上がり、会社で重宝されやすい。報告とは、仕事の状況や結果を上司に伝えること。連絡とは、会議の日程・テーマやアポイントの日程・内容など、事務的な要項を相手に伝えること。相談とは、判断に迷う状況に直面したり、トラブルを起こしてしまったりした場合に、上司からのアドバイスを請うこと。報告・連絡・相談ともに、隠しごとをせずありのままを伝えるのが大原則だが、バカ正直に一挙手一投足のすべてをホウレンソウしていたら、社畜まっしぐらだ。

ボール【ぼーる】カ

球体のもの。スポーツでよく使われる。ビジネスでは、小さな一つひとつの仕事をボールにたとえて、いろいろな会社のいろいろな人と投げたり受け取ったりしている。「ボールがこっちにあるか、あっち（先方）にあるか」はとても重要。仕事を滞りなく進めるには、自分がボールを持っている時間をなるべく少なくし、つねに「あっち」に動いてもらっている状態にするとよい。しかし「あっち」がいつまでもボールを持ったままのことも多く、ジリジリと待たされるばかりで仕事は滞っていく。

保険屋さん【ほけんやさん】人

会社のお昼休みに営業にくる、保険会社の営業員のこと。誰彼かまわず話しかけ、しぶとく勧誘する。「予定がある」と断っても翌日やってきたりする。同様の職種にヤクルトのおばちゃん（ヤクルトレディー）もいる。年配社員だと、ひまつぶしの雑談相手として接する強者も多い。

ポスト【ぽすと】カ

役職のこと。年功序列色が強く、離職率が低い会社ほど、わけのわからない名前の役職が多い傾向にある。

出世街道が渋滞状態になっているにもかかわらず「これだけ長くやっている社員をいつまでもヒラのまま置いておくわけにはいかない」という配慮によるものだ。こうして会社のポストは毎年増えていき、限界を迎えると既出「スリム化」される。

ボトルネック【ぼとるねっく】 カ

ものごとを進めるうえでの障害のこと。直訳すると「瓶の首」で、瓶の首の部分は狭くなっているため、流れる水の量がその部分以降は少なくなってしまうことからきている言葉である。「このプロジェクトのボトルネックはあの部署だ」のように、陰で名指しでこっそりと毒を吐くときによく使われる。

ほぼほぼ【ほぼほぼ】 言

おおかた、およそ、だいたいの意。「ほぼ」と同義だが、「ほぼほぼ」と重ねて使うことで、あやふや感を増幅することができ、それによって発言した自分の責任もあいまいにできる。決定権のない人が「この見積もりでほぼほぼOKです」、自信のない人が「ほぼほぼ順調に進んでいます」といったように使う。つまり、多用する人は、あまり信用されない。

ほめて伸ばす【ほめてのばす】

平成後期から令和にかけて主流となりつつある育成手法。かつての叱って伸ばす、厳しく指導して伸ばす育成手法はともすればパワハラになりかねない時代となった。部下をお客様のように指導・教育するのが是とされる。ほめるとつけあがるだけの部下も多い。時代は関係なく、ほめて伸びるタイプか叱られて伸びるタイプかを見極めればいいだけだ。

ホリエモン【ほりえもん】 人

実業家、投資家の堀江貴文氏の愛称。ライブドア元社長。時代の寵児ともてはやされながらも、衆議院総選挙に出馬して落選したり、証券取引法違反容疑で逮捕、収監されたりと波瀾万丈の人生を送る。2004年にプロ野球球団買収計画をぶち上げた

ときから変わらず、SNSでたびたび物議を醸す。下積みや修行といった、古き良き日本の職人たちの慣習については、合理的ではないと懐疑的なスタンスをとる。電話連絡を嫌い、ずっとホテル暮らしをしている。近年は、宇宙ビジネスに力を注ぐ。

ホワイトカラーエグゼンプション
【ほわいとからーえぐぜんぷしょん】制 力

働いた時間にかかわらず、成果に対して給料が支払われる仕組み。2014年、政府内の産業競争力会議で提案され、厚生労働省も導入の方針を決めたが、大きな反発もありまだ導入には至っていない。ホワイトカラーとは、いわゆるデスクワークに携わる人のこと。とくに企画業務や研究開発業務などは労働時間と成果が必ずしも比例しないため、これらの職種に就く人を労働時間規制の適用除外とし、自己責任で労働時間を調整して効率的な仕事を促すことを目的としている。しかしホワイトカラーとて、法定労働時間内に成果が出るのは珍しいことであり、成果を出すために長時間労働を強いられているのが現実。反発の原因もここにあり、「ていよく残業代をゼロにするための法案」と揶揄されている。

本田宗一郎
【ほんだそういちろう】人

実業家。1906年生まれ（84歳没）。本田技研工業の創業者。高等小学校を卒業後、自動車修理工場に入社し、社長の子どもの子守りを任せられながら、自動車の修理技術を身につける。46年、静岡県浜松市に本田技術研究所を創設し、内燃機関や車両の製造研究をはじめる。48年にはオートバイのエンジンと車体の一貫生産を開始し、55年には国内生産1位へと押し上げた。日本を代表する輸送用機器メーカーを一代で築いた、たたき上げの偉人として名を残した。経営者から社畜まで、幅広い層の支持を集める。

ポンチ絵【ほんちえ】

概要を絵や図にしたもの。文字だらけの書類をつくって上司にチェックを仰いだときに、「ここにポンチ絵入れたら？」というアドバイスをもらったりする。もともとは風刺の意味を込めたイラストや漫画のこと。語源はイギリスの風刺漫画雑誌『パンチ』とする説や、1860年代初頭にイギリス人のワーグマンが横浜でつくった漫画雑誌『ジャパン・パンチ』とする説があり、はっきりしない。

社畜 / 漫画

働きマン

安野モヨコ／作
講談社
2004年

主人公である松方弘子は『週刊JIDAI』の編集者。28歳の独身で、彼氏はいるが、仕事を優先するあまりに恋愛は後回しとなってしまう。ひとたび仕事スイッチが入ると、寝食を忘れて仕事に没頭してしまう弘子はまわりから「働きマン」と呼ばれている。そんな弘子と個性豊かな編集部員たちが、「働くとは何か」と日々悩みながらも奮闘していく。なお、2008年から休載が続いており、23年現在も再開のメドは立っていない。その理由は「舞台となる出版業界が現実で行きづまりを迎えており、現在の週刊誌の厳しい現実を主人公が解決できるようなストーリーを編み出せないため」とのこと。弘子をも凌駕するような働きマンの登場が待たれる。

社畜 / 音楽

パパの歌

忌野清志郎／歌・作曲
糸井重里／作詞
東芝EMI
1991年

働く父親がテーマとなっている曲。夜、家に帰ってきてからはだらだらとお酒を飲んでいるし、休みの日もぐうたらしているけれど、昼間働いているときのパパはいかにかっこいいかを、子ども目線で歌っている。忌野清志郎の通算6枚目のシングルで、作詞は糸井重里。リリースされたのは、バブル崩壊の影響が目に見えて出はじめた1991年。清水建設のCMソングとしてつくられたこの曲は、CM放映とともに大きな反響を呼び、忌野清志郎のシングルとしてはもっとも売れたCDとなった。1年後には、やはり清水建設のCMソングとして「パパの手の歌」が、さらに1年後には「鉄人パパ」が発表される。これらは「パパの歌」と合わせて3部作となっている。

ま行

ま じめに働くだけでなく、まじめに趣味を見つけよう。仕事が主、趣味が従だと、人生はつまらなくなる。趣味の時間は、新たな武器を手に入れ、スキルを磨く時間になりうる。楽しみながら、自分の可能性を広げていこう。

マージン【まーじん】カ

利ざや、儲け、の意。原価にどれだけのマージンを乗せるかで、販売価格が決まる。また、人材派遣や不動産売買における仲介手数料や、下請け会社が仕事を孫請け会社に出す際、手元に残るお金を指すこともある。正攻法で得た儲けではなく、どことなくブローカー的で怪しげな利益を指すことが多い。

毎月勤労統計調査
【まいつききんろうとうけいちょうさ】

厚生労働省が実施している調査統計。常用労働者が5人以上の事業所を対象に毎月行われる全国調査、都道府県別に行われる地方調査、常用労働者が4人以下の事業所について1年に1回、7月に行われる特別調査がある。そのため4人以下の事業所は、調査対策として7月だけやけに待遇がよくなる傾向にある。失業率や給与平均は、これをベースに算出されている。

マイペース【まいぺーす】カ

自分のペースで働くこと。あるいは、その人。そのペースは、どちらかというとスローペースであることが多く、どこかおっとりとしている。他

人に調子を合わせることがないため、協調性こそ乏しいが、チームのなかではムードメーカーの役割を果たすことが多い。若いうちはマイペースで働ける仕事は少ない。

マイホーム【まいほーむ】カ

持ち家のこと。なかでも、マンションではなく一軒家を指すことが多い。かつてはすべてのビジネスパーソンにとっての夢であったが、近年は持ち家志向の若者が減ったため、夢としての存在感は失われつつある。そのため、家のCMはめっきり少なくなった。

マインド【まいんど】カ

① 心、精神のこと。「アイツはビジネスパーソンとしてバリバリ働くマインドに欠けている」「コイツはここ一番でのマインドが弱い」など、強い、弱いの文脈で使われる。
② 集団・個人がもつ好みや、何かをしようという意向、考えのこと。たとえば消費者がもつ購買意欲のことを消費マインドといい、景気が悪くなるとこれが冷え込む。たいていの言葉の後ろに「マインド」をつけて「○○マインド」のかたちにすると急にそれっぽい響きになるため、たとえば「中年男性のスポーツマイ

ンドが高まっているため、そのニーズに訴求した商品を〜」など、商談や会議などのそれっぽさが要求される場面でよく使われる。

マウンティング
【まうんてぃんぐ】カ

もともとはサル、ゴリラ、チンパンジーなどの類人猿が、自分のほうが相手より上であることを示すために後ろからまたがる行動のことをいう。人間の場合、物理的にまたがることはまれで、さまざまな自慢話をすることで、相手より自分のほうが上であると誇示する。小学生は運動神経、中学・高校生はルックス、大学生は学歴、20代は職種や身につけているもの、30〜40代は年収、50代は健康と変化していく。

まえかぶ【まえかぶ】

社名において、「株式会社」が前につくか、後につくかをそれぞれ「まえかぶ」「あとかぶ」と表現する。「株式会社○○」ならばまえかぶ、「○○株式会社」ならばあとかぶだ。領収書を出したりもらったりするやりとりのときに、よく登場する。

前倒し【まえだおし】

仕事の予定を繰り上げること。あるいは、仕事を予定より早め、早めに進めておくこと。「先方に納期を1週間前倒ししてもらって」「仕方ない、来期の予算を前倒しして使うことにしよう」「万が一のこともありますから、前倒しで進めていきましょう」などと使う。事前に取り決めた納期を目指して作業を進めている側にとって、これは恐怖の言葉である。なお、どれだけ前倒ししても結局は締め切りギリギリになる。

前の会議【まえのかいぎ】言

終了予定時刻より長く延びがちなもの。「前の会議が押してしまいまして……」は、社外の人との打ち合わせに遅刻するときの言い訳ナンバーワンだろう。同義語に「前の予定」がある。

孫請け【まごうけ】

元請けから仕事を引き受けた下請け会社が、さらに仕事を投げる先。下請け会社はしっかりとマージンを確保するため、予算や報酬はかなり安くなる。多くの会社が生き残り、多くの人の雇用を確保するためと考えれば、ひとつの仕事を複数の会社で回すのは悪いことではないが、元請けから下請けへ、下請けから孫請けへと仕事が回る過程で伝言ゲームのようになる。

マスト【ますと】カ

非常に重要であり、外すことのできない要素のこと。たとえば「変更を加える場合、こちらへの連絡はマストでお願いします」という言葉には、「変更を加えるときには絶対に連絡しろよ。無断で変更したら承知しないぞ」という強制・義務の意味合いを強く含んでいる。強い要望を軽い語感で示せるためとても便利な言葉なのだが、なんでもかんでもこの言葉を付すと何が本当に重要なのかがよくわからなくなってしまうので気をつけたい。

またの機会【またのきかい】言

今回ではない、別の機会のこと。「今回は採用にはいたりませんでしたが、またの機会にお願いします」のように、要はていのいい断り文句であり、「またの機会」が訪れることはそうそうない。何回も聞くと慣れる。

松下幸之助
【まつしたこうのすけ】人

実業家、発明家。1894年生まれ（94歳没）。丁稚奉公から松下電器（現在のパナソニックホールディングス）を一代で築き上げ、「経営の神様」とも呼ばれる。著書のなかには、経営論のみならず、一社会人としての働き方を説いているものも多くある。そのほとんどが、「そりゃ、社員が経営者のように意識高く働いてくれたら経営者は楽だろうなぁ」という理想の社員像を描いており、多くの社畜を生み出しているとの説もある。

窓際族【まどぎわぞく】人

閑職に追いやられた中高年の会社員のこと。会社からはとくに仕事を与えられず、オフィスの隅に追いやられた中高年会社員が、新聞を読んだり、ボーッと窓の外を見たりして時間を潰す光景から、この言葉が生まれた。誕生は1970年代後半とされる。高度経済成長期は会社も、この

ような社員を窓際に追いやりながら
も雇い続ける体力があったが、終身
雇用の崩壊とともに、窓際族は文字
どおり、会社から厄介払いされるよ
うになり、その数は激減した。しか
し一流企業ならばそれでも会社にい
られて気楽なので、ひそかにうらや
ましがられる。現在は「社内ニート」
に名を変え、重要な仕事が回ってこ
ず、退屈している若者が激増してい
るという。

学び【まなび】

意識高い系のビジネスパーソンが使
いがちな言葉。すごい人とちょっと
あいさつをしただけ、ちょっとビジ
ネス書を読んだだけでも、やたら「学
びがあった」と言う。しかし、具体
的にどのような学びがあったのかを
語れる人は少ない。

マニュアル【まにゅある】カ

仕事の手順や要領をしたためた文書
のこと。これをつくり上げることを
「マニュアル化する」という。マニュ
アル化しておけば、どんな人でも同
じようなクオリティの仕事を遂行す
ることができるようになる。一方で、
マニュアルがなければ何もできない
マニュアル人間を生み出すこととな
り、近年は「マニュアル人間をいか
にみずから考える人材に育てるか」
のマニュアル本が売れているなど、
よくわからない事態になっている。

マネジメント【まねじめんと】カ

会社の資源、資産、リスクなどを管
理しながら、最大限に機能させて利
益を生む手法。中間管理職のなかに
は、みずからもプレイヤーとして数
字を出すことが求められながら、メ
ンバーを預かってチームとしての結
果も求められるプレイングマネ
ジャーも多くいる。そのほとんどは
きっちり結果を出しているのだが、
一部にはプレイヤーとしての数字が
メンバーより劣ってしまっている人
もいて、「自分はマネジャーだから
……」と、マネジメントを言い訳に
してメンバーからの求心力をいっそ
う失っていく。

マネタイズ【まねたいず】カ

現状、収益のないサービスを、収益のあるサービスに変えること。たとえば、インターネット上のサービスに広告をつけたり、課金制にしたりといったことがあげられる。この能力がある人は会社で重視され、「自分がいなければ儲からないですよね」と主張することで、社畜から抜け出すことができる。

丸投げ【まるなげ】

仕事をほかの会社や人に丸ごと委託すること。単なる外注とは異なり、仕事の進め方や、途中で発生する問題の解決などもすべて委託し切っているのが大きなポイントである。もともとは土木建設業界内で使われていた用語だったが、今ではすっかり一般化した。弱い立場の若手社員や外注先は、責任を含めた丸投げをされがちである。

○○職人【○○しょくにん】

社内において、ある分野にもっともくわしい、あるいはもっとも得意な人のこと。「○○の鬼」と呼ばれることもある。○○に入る言葉は、仕事としてはさほど大したことはないのだけれど、やってくれると助かる

ような仕事。コピー機のエラー解決職人、Word職人、ウォーターサーバーの入れ替え職人、社長のご機嫌直し職人など、じつににさまざまな職人が存在する。

○○チルドレン
【○○ちるどれん】人 カ

ある人物の強い影響や後押しを受けている人。「○○チルドレン」は多く使われているが、そのほとんどは「腰巾着」と同程度の意味合いである。チルドレンはほぼ全員「親」の意向に左右される。

○○2.0【○○にーてんぜろ】カ

第二世代の、次世代の、の意。1999年に生まれた造語、Web 2.0（ウェブの世界で、それまでとはちがい、

ま

送り手と受け手が双方向に情報を発信できるようになったことを指す）が語源である。以後、新しいものを指してなんでもかんでも2.0をつけることが流行した。新しさを指すはずの2.0という表現が、そろそろ古くさいと認識されはじめてきている。最近は3.0も出てきており、定義がないまま数字だけが増えていくことが予想される。

○○ハラ【○○はら】

○○ハラスメント、の略。現代の職場では、かつては見逃されていたじつにたくさんの言動がハラスメントとみなされる。嫌がらせがハラスメント認定されるようになった一方で、ハラスメントが厳しくなっていることにかこつけ、みずからの失敗や怠惰を棚に上げて「それってパワハラですよー」と騒ぐ部下も増えており、日本全国の職場は今日もハラスメントに振り回されている。

パワー・ハラスメント（パワハラ）：立場が上の人が、その優位さを武器にして、適正な業務の範囲を超えて精神的・身体的に苦痛を与えること。たとえ部下が失敗したのだとしても、上司が延々と失敗を責め続けると、これにあたるおそれがある。

セクシャル・ハラスメント（セクハラ）：性的な嫌がらせのこと。相手の気持ちにかかわらず直接体に触れる行為ばかりでなく、嫌悪感を与える性的な言動はすべてこれにあたりうる。

マタニティ・ハラスメント（マタハラ）：妊娠したことを理由に嫌味をいったり、退職を迫ったりなど、職場で妊婦に対して行われる肉体的・精神的嫌がらせのこと。「この忙しい時期に妊娠なんて、家ではやることやってるんだなぁー」なんて発言は問答無用で一発アウトの可能性がある。

アルコール・ハラスメント（アルハラ）：アルコールに関する嫌がらせのこと。お酒が飲めない人に無理矢理お酒を飲ませたり、一気を強要したり、「オレの酒が飲めねぇのかぁ？」と圧力をかけたりするのは昭和の飲み会でよく見られたが、令和では立派なハラスメントとなる。

スメル・ハラスメント（スメハラ）：強烈な体臭や口臭によってまわりに迷惑をかけること。本人に自覚がない場合が多く、まわりの人はどう傷つけずに指摘し、どう治してもらおうか苦慮することになる。

○○マター【○○またー】カ

○○が取り仕切ることになっている、の意。○○の部分には会社名、部署名、人名などありとあらゆる名詞が入り、たとえば「御社マター」

「営業部マター」「現場マター」「A くんマター」などと使われている。やんわりと責任の所在を明示しつつ、「こちら主導ではないんですよ。わからないことはあちらに聞いてね」という態度を取るときに便利な言葉だ。責任をたらいまわすときにも使われる。

丸める【まるめる】

「4万9800円」を「4万円」にするなど、端数を切り捨てること。「端数を丸めてもらえません？」は値切りの常套句である。

満員電車【まんいんでんしゃ】

満員の電車のこと。この場合の満員とは、混雑率100％（全員が座席につくか、吊革につかまるか、ドア付近の柱につかまることができる）ではなく、混雑率250％程度（電車が揺れるたびに、身体が斜めになって身動きできない。手も動かせない）の状態を指す。体力、気力が奪われる、日本の悪しき伝統。コロナ禍によるリモートワークの広がりで一時的に満員電車はなくなったが、コロナ禍が落ち着きを見せるとすぐに状況は元どおりに。一進一退の攻防は続いている。

漫喫【まんきつ】

漫画喫茶の略。終電を逃したときや、ちょっとサボりたい、涼みたいときなど、ビジネスパーソンにとっての避難場所である。近年は椅子の快適度も高まっていて、ソファーベッドのようなものもある。飲食も充実しており、会社や仕事から逃げたい人のみならず、なんらかの事情で家庭から逃げたい人にとってもよき避難場所となっている。

マンパワー【まんぱわー】 カ

人手のこと。とくに、ある仕事を問題なく遂行するのに必要となる人員を指す。「この計画を進めるには、マンパワーが問題となりますね……」「ちょっとマンパワーが足りないから、貸してくれる？」などと

使う。ヤバい会社はいつも「マンパワー不足」と言うが、そもそも適切な人数が割り振られていないという指摘もある。

見える化【みえるか】

仕事において、見えないものを見えるようにすること。外回り中の営業マンの行動や、営業をかけている顧客の検討状況、働いている社員の頭のなかなど、ありとあらゆる「見えないもの」が対象となる。やる気のない社員にとっては非常に都合の悪い取り組みである。

右肩上がり【みぎかたあがり】

なんらかの数字を示すグラフが、右にいくにしたがって上がっている様子。おもに売上や利益について使われる。成長が目に見えている状態であり、世の中のすべての会社、ビジネスパーソンが「ずっとこうであれ」と望む。しかし成長には限度があり、いつしか頭打ちとなる。それでも会社は右肩上がりを目指すべく、社員に無理な働き方を強要し、やがてブラック化していく。

見切り発車【みきりはっしゃ】

見通しがはっきりせず、準備も整わないままに、プロジェクトにゴーサインを出すこと。無計画を揶揄するときに使うことが多いフレーズだが、プロジェクトが成功すればあら不思議、見切り発車と言われていた判断が一転、「思い切った英断」と言われるようになる。勝てば官軍だ。

味噌をつける【みそをつける】

しくじること。失敗して面目を失うこと。けっして「おいしくする」ことを指すのではない。普段は失敗をしなさそうな、他人の失敗に対して厳しい人がやらかしたときによく使われる言葉だ。語源には諸説あるが、かつて火傷の特効薬として味噌が使われていた時代、よくやらかす職人は身体中に味噌をつけていたことからという説が有力。職場にも必ずひとりは、年がら年中味噌をつけている人がいる。「順調に昇進していたが、女性関係で味噌をつけた」のように使う。

身だしなみ【みだしなみ】

服装や髪型、言動などについて、他人に不快感を与えないようにしようという心がけ。ビジネスパーソンにとって、仕事の能力うんぬんの前にまずチェックされる項目であり、第一印象に大きくかかわる。社内は気

にしていないが、外から「あの会社の人の服装がだらしない」と思われるのがよくない。就職活動用のリクルートスーツをいつまでも着ている若手社員がたまに存在するが、給料をもらうようになったらビジネススーツを買ったほうがよい。

見なかったことにする
【みなかったことにする】〔言〕

上司がよく使う逃げ言葉。サービス残業をしているメンバーを見たときや、酒の席における役員の著しい失態を見てしまったときなど、非常に都合の悪い状況の目撃者となってしまったときに、上司はこう宣言する。見てほしいものに限って見なかったことにされ、見なかったことにして流してほしいことについては事細かに追求してくる。それが上司というものだ。ブラック企業で、予算や締め切りを優先するため強引な仕事の進め方をする場合、ひんぱんに使われる。

みなし残業
【みなしざんぎょう】〔制〕

実際の労働時間は関係なく、毎月一定の残業を行ったとみなし、基本給のなかに固定残業代を含めて支払う賃金制度のこと。いわば残業のサブ

スクである。「毎日定時で帰っても残業代が支払われるなんてラッキー」なんて思ったら大まちがい、実際はその逆で、会社側は元を取ろうと膨大な仕事量を求めてくる。

みなし労働時間
【みなしろうどうじかん】〔制〕

実際の労働時間にかかわらず、あらかじめ規定した時間分を働いたとみなす賃金制度のこと。法定労働時間は1日8時間、週40時間だが、会社が運営している事業や実際に従業員が携わっている仕事の性質によっては、時間にくくりを設けないほうがよいだろうと融通を利かせているのがこの制度だ。もちろんブラック企業がこのスキを見逃すはずがなく、所定労働時間ではとうてい処理し切れないような仕事を任せ、かつ残業代を支払わないといった悪どい事例があとを絶たない。

身バレ【みばれ】

身元がバレること。とくにSNS上で、匿名で投稿しているにもかかわらず、話の内容や載せた写真、また写真への映り込みによって「アイツだ!」とバレてしまうことを指す。犯罪を誘発するばかりでなく、投稿している内容がたとえば会社の愚痴

や同僚の悪口であったりすると、バレてからは会社のなかでとても居づらい状況に追い込まれる。ネガティブな情報はSNSに載せるべきでない。社内には必ず、こういうことを調べるヒマなヤツがいるからだ。

見回り【みまわり】⏎行

社長が社長室を出てオフィスの様子を見たり、本社を出て支社や工場の様子を見たりすること。社長の気まぐれで不定期的に起こるイベントだ。現場の様子を見てくださろうとするのはとてもありがたいことなのだが、いちいち起立したり、管理職が雑談に応じたり、「お疲れさまです」とあいさつをしたりして意味のない時間がとられていく。

明日【みょうにち】

明日（あした）のこと。日本語としては、「あした」は本来、朝を指す言葉。これが日暮れを指す「ゆうべ」に対して「翌日の朝」の意味で使われるようになり、いつの間にか「翌日」そのものを指すようにもなった。一方の「みょうにち」は、もともと翌日の意味であった「明日（あす）」の丁寧な言い方である。語源をたどると複雑だが、ビジネスでは「あした」でも「あす」でも「みょうにち」でも、どれ

を使っても大きな問題はない。あさっては「明後日（みょうごにち）」。

見る人は見ている
【みるひとはみている】🗣

一般的には、がんばっているが成果の出ない人をはげますときに使う言葉。また、裏で会社や上司の批判ばかりしている人や下請け会社への態度が横柄な人の査定・評価の場面でも、ひそかに使われている。この言葉を聞いたら、日ごろの態度や姿勢がチェックされていることを意識しなければならない。

無趣味【むしゅみ】

趣味がないこと。社畜は基本的にこうなる。趣味がないならないで別に悪いことではないのだが、仕事以外のことを考えられなくなるのが問

題。また、「趣味は？」と聞かれて「ないです」と答えるのは気が利かない人間の特徴。ないけど「ないです」ではなく「おいしいものを食べること」と答えておくのが無難だ。

無駄【むだ】

何の役にも立たないこと。仕事においてはなくしたほうがよいとされており、そんなことは日本中の会社がわかっていることなのだが、現実にはなかなかなくならない。お金、時間、労力、電気・ガス・水道、コピー用紙や文房具……会社にはありとあらゆる無駄があり、「どうやって無駄をなくすか」の会議が開かれたりするのだが、その会議もまた無駄な会議だったりする。

無断欠勤【むだんけっきん】

会社への連絡を一切せずに、突然会社を休むこと。仮に出勤時間を過ぎて事後の報告となってしまっても、連絡があればこれにはあたらない。違法ではないものの、就業規則違反にあたる場合がほとんどである。しかし対応は社風によって大きく異なり、厳しい処分を科す会社もある一方、「自分の仕事がきっちり回っているのならそれでいいよ」とおおらかに構えている会社もある。

無遅刻無欠勤【むちこくむけっきん】

遅刻や欠勤を一度もせずに働き続けること。ちなみに有給休暇や夏季休暇はれっきとした休暇であり、もちろん欠勤にはあたらない。無遅刻無欠勤はビジネスパーソンとして至極当然の行動であるとされている。そのため、残念ながら誰もほめてはくれない。

無理【むり】

① 実現するのが難しいこと。「無理な要求」「無理な話」など。
② ギリギリの状況のなかで、なんとか気持ちで押し切ること。「ちょっと体調が悪いけど、無理してがんばる」「仕事を無理につめ込む」など。「できない、ではなく、どうやったらできるかを考えろ」と、無理という言葉を口にするのを禁止している会社もあるが、そのような会社に限って、②の意味での無理は奨励されている。

名刺【めいし】物

自分の名前と会社名、部署、役職などが記されている小さな紙。初対面の相手に渡し、自己紹介をするときに使う。「名刺はその人本人と思え」

との言葉があるとおり、受け取った
名刺を相手の目の前でぞんざいに扱
うことは許されない。仕事で訪れる
展示会やパーティーは新たな人と出
会うチャンスであり、大量に交換の
機会が発生するが、3日も過ぎれば
顔と名前が一致している人はそのう
ちの半数以下となり、ほとんどは忘
れ去ってしまう。

目を通す【めをとおす】

書類などをざっと流し読むこと。あ
るいは、書類などをチェックするこ
と。上司が部下に対して「目通して
おけ」と言う場合には前者の意味で
あり、部下が上司に「お目通しいた
だけますか」と言う場合には後者の
意味になる。ただし、本当にチェッ
クしただけで意見を一切述べない上
司は多い。

メンター【めんたー】カ

指導者、助言者の意。広い意味で
は、生き方や働き方のお手本となり、
自分に大きな影響を与える人物を指
す。近年は会社側が率先して、新入
社員に対してこの役割の人間をつ
け、成長を促したりサポートを行っ
たりするケースが増えてきている。
新入社員にとってはよき相談相手と
なるため、早期の離職を防ぐことが
できるのがメンター設置のメリット
といわれているが、「メンターが嫌
だから辞めます」という新入社員が
出る事例もある。

メンタル【めんたる】カ

気持ち、精神の意。メンタルの強さ、
弱さが、社会人としての打たれ強さ、
打たれ弱さに直結する。何かと気を
病みやすい現代社会において、強い
人は重宝される。なお、どんなに失
敗しても、相手から嫌われても、けっ
してめげない人も「メンタルが強い」
と呼ばれるが、けっしてほめてはい
ない。

もう帰るの？【もうかえるの？】言

昭和から平成初期にかけての鬼上司
が、まだ目標に到達していないのに
上司より早く帰ろうとするメンバー

にかけていた言葉。今ならばパワハラ的行動の一端としてとらえられる。対義語に「まだいるの？」があり、かつては残業をしている労をねぎらう意味合いがあったが、残業NGの今では「早く帰れ」の意味となっている。

もうひと踏ん張り
【もうひとふんばり】🈁

仕事がうまくいかないときに飛び出す上司のゲキ。ここまでがんばってきたのはよくわかっている。疲れているのもよくわかる。でもゴールはすぐそこだ。なんとか最後に、これまで以上のがんばりを……という、よく考えたら無茶苦茶な要求が言外に込められている。

持ち帰り仕事【もちかえりしごと】

なんらかの事情によって会社で残業できなかったりしたときに、家に持ち帰って行う仕事。リラックスできる環境で仕事ができるのは大きな利点だが、同時にテレビやゲームといった新たな誘惑も生まれることとなり、はかどるかはかどらないかは最終的に本人の意思に大きくかかわることになる。また、会社から重要なデータを無断で持ち帰るのは危険であり、いずれ問題を起こすことにな

る。個人情報保護や機密保持の観点から、業種によっては持ち帰り仕事を禁止している会社もある。

持ち帰ります
【もちかえります】🈁

相手から提示された質問や課題について、その場で即答できなかったり、解決策を見いだせなかったりした際、「会社で上司と協議するからいったん時間をください」の意味を込めて使われる言葉。「もうちょっと値下げしてくださいよー」「持ち帰らせていただきます」のように、めんどうな要求をていよく断るために使われることもあれば、「この点を解決していただかなければ、おつきあいを続けることはできませんね」「持ち帰らせていただきます」のように、自分だけで判断しても責任を取れな

いと伝える場面もある。慎重さゆえの言葉であり基本的には好印象をもたれるが、管理職の立場にある者が持ち帰ってばかりだと「コイツ、ひとりじゃ何も決められないんだな」と見くびられることになる。

持ちつ持たれつ
【もちつもたれつ】🈩

おたがいに助けたり助けられたりする関係性。「おたがいに支援し合ってきたことで今の地位を築くことができ、関係が続いている。だからこの先もお願いしますよ」というお願いの気持ちと、「裏切ったらどうなるかわかっていますよね」というほんの少しの脅しの気持ちが入り混じっている言葉である。社内では、単なる役割分担なのにこの語が使われる場合もある。

モチベーション
【もちべーしょん】🈑

動機、意欲の意。社内を見渡すと、モチベーションの高い人と低い人がいて、その人たちもつねに一定ではなく上がったり下がったりをくり返していることがわかる。会社において「やる気が出ない」は禁句だが、「モチベーションが上がらない」と言い換えればあら不思議、一定の能力のある者がそれっぽい言い分を主張しているようにも聞こえる。ただ、モチベーションが上がらないのなら、その仕事は向いていないのかもしれない。「なぜ上がらないのか」を考えてみよう。

揉み手【もみで】

片手でもう一方の手を握り、両手を揉んだりすり合わせたりする動作のこと。頼みごとをしたり、お詫びをしたり、なんらかの営業をしたりするときに人間がしがちなお決まりの動作。あえてわざとらしく行うことで茶目っ気が出て、かえって要求がとおりやすくなったりもする。

揉む【もむ】

他方面から圧力を加えること。ビジネスでは、複数人で話し合って検討するという意味。なかには「揉む」ことそのものが目的になっている会議もある。この場合、全員がなんとなく「揉めと言われたから揉む」の姿勢であるため、方針は一向に定まらない。また、書類を提出した際に上司から「もうちょっと揉んでくれない?」と言われ、揉まずに数日間放置したあとに、まったく同じ書類を提出すると案外通ったりする。

揉む

ま

社畜 × ドラマ

半沢直樹

池井戸潤／原作
TBSテレビ
2013年

TBS系列で放送された、池井戸潤の企業エンターテインメント小説「半沢直樹シリーズ」を原作としたテレビドラマ。バブル末期に大手都市銀行の産業中央銀行に入行した主人公・半沢直樹が、産業中央銀行と東京第一銀行が合併してできた世界第3位のメガバンク・東京中央銀行に勤めながら、銀行内外でうごめく人間によるさまざまな圧力と戦い、逆境を乗り越えていく姿を描いている。2013年放送のドラマは『オレたちバブル入行組』と『オレたち花のバブル組』がベースとなっている。放送開始以降、視聴率は回を追うごとに伸びていき、最終回では破格の42.2％を記録。堺雅人演じる半沢が放つ決めゼリフ「倍返しだ」は同年の新語・流行語大賞となった。

社畜 × 音楽

ヒゲとボイン

UNICORN／歌
奥田民生／作詞・作曲
ソニー・ミュージックレコーズ
1991年

出世と恋愛（オフィスラブ）の狭間で苦悩する会社員の姿がありありと描かれている曲。隣のデスクの「ボイン」との恋仲が進展しないことに悶々としている最中、アメリカ帰りの社長の「ヒゲ」が「君、そのままじゃ私のようになれないよ」とさんざん煽りつつ、「ボイン」をかっさらっていき、「僕」はただただ苦悩を叫ぶ。UNICORN7枚目のオリジナル・アルバム『ヒゲとボイン』の15曲目にラストトラックとして収録されたのち、シングルとしてもリリースされた。オリコンチャートでは最高位23位。仕事とは何か、会社とは何か、人生とは何かを問いかける歌詞は、忙しく働いている独身のビジネスパーソン（とくに男性）の深い共感を呼ぶ。

や 行

辞めた会社のことを悪く言う人がい
る。しかし、何年かすると辞めた会
社で得た経験が生かされるときがくる。社
畜だった自分が、本当にやりたいことを見
つけて、仕事と真剣に向き合えるようになっ
たのは、辞めた会社のおかげかもしれない。

役職定年【やくしょくていねん】制

ある年齢に達した社員が、現在就いている役職（部長、課長など）から退く制度のこと。人件費の削減や組織の若返りを目的として行われる。会社員としての定年はまだ先であるため、会社との雇用契約は継続されるが、これまでとは一転して一兵卒としての業務を行うことになったり、新しい部署に配属されることになったりするため、「自分の存在が軽んじられている！」とふてくされてしまう人も少なくない。また、若手社員が会社での目標を喪失する危険をはらんでおり、新しい目標をもつ必要があるというメッセージでもある。

やっつけ仕事【やっつけしごと】

「その場限りの仕事」のこと。ビジネスにおいては「いい加減な仕事」の意味で広く使われている。納期に間に合わせるために、雑でミスの多い仕事になってしまうことはよくある。ゴールデンウィークや、年末などの長期休暇の前に頻発する傾向にあり、休み明けにみずからの手抜き作業の尻拭いを必死でする社員は多い。また、時間に余裕があるのに手を抜く者も存在しているため、誰かに仕事を頼むときは慎重に相手を見極める必要がある。

闇専【やみせん】

組合の闇専従の略。労働組合の組合員が、勤務先から給与を受け取りながら、勤務時間中に本来の職務をせず、組合活動だけを熱心に行っていること。ほかの社員にはすぐにバレ、「あいつ闇専だぜ」と陰で噂されることになる。なお、地方公務員の労働組合による闇専はとくに問題視されることが多く、それはれっきとした地方公務員法違反。民間の会社であっても、きわどい働き方ではある。

やりがい【やりがい】

何かをするに値すると感じる、気持ちの張り合い。みんなから「すごい」「かっこいい」と言われる仕事だったり、子どものころからあこがれていた仕事だったり、人の役に立つ仕事だったりすると、これを得やすい。具体的には、飲食店や幼稚園の先生、保育士、テレビ局の制作会社、出版社、動物園の飼育係などが挙げられるが、いずれもやりがいをエサに安い給与で働かせる、やりがい搾取の職業としてもよく知られている。働く本人がやりがいを感じ、満足しているならば良いが、事業主が「やりがいあるんだし、いいでしょ？」と決めつけるのはNGである。

やりたいことはなんだ

【やりたいことはなんだ】

若手社員が年長社員から唐突に聞かれる質問。いきなりそんなことを聞かれても何も思い浮かばないし、そもそも今の仕事でいっぱいいっぱいなのだから「ゆくゆくはこんな仕事をやってみたい」なんてことを考えている余裕はないのだが、答えられないと「最近の若者は夢がない」「つまらない」「仕事への意欲がない」とさんざん説教をされることになる。なお「この仕事をやりたい」と公言したところで叶うことはまれであり、「まだ早い」が帰ってくることも多い。きわめて理不尽な質問であるといえる。

槍玉【やりだま】

攻撃や非難の対象となる人や物のこと。多くは「槍玉に挙げられる」のかたちで用いられる。もともとは、槍を手玉のように自由自在に扱うことを意味し、そこから転じて、人を槍先で突き上げて思いのままに扱うニュアンスで使われるようになった。たとえ自分ひとりの責任でなくても、ときには槍玉に挙がる役割を担わなければいけないのが会社員のつらいところだ。

やる気【やるき】

前向きな気分、姿勢、態度。仮にもっていたとしても、それを上司にアピールできていないと「やる気あんのか！」と叱られることになるため、いつも「自分、やる気あります」という雰囲気を醸し出す姿勢が求められる。大きな声でのあいさつ、キビキビとした行動、残業をいとわない心意気がその典型例だ。また、新人は基本的にやる気にあふれているが、歳月を重ねるにつれてやる気を失う人が多い。

有休【ゆうきゅう】制

有給休暇の略。雇用主から給与が支払われる休暇日である。連続勤務6カ月後から、全労働日の8割以上出勤している従業員に対して、1年ご

とに毎年一定の日数が付与される。せっかく与えられる特別な休みなのだから堂々と行使して休めばよいのだが、現実には体調不良時以外に申請するのはなかなか勇気がいる。しかし働き方改革にともなって、労働基準法が改正され、年10日以上の有給休暇の権利がある従業員について5日以上の有給休暇を取らせなければならないことが義務づけられると、会社は一転して「有休を取れ。早くしろ」の圧力をかけるようになった。現金なものだ。

有休買取【ゆうきゅうかいとり】制

従業員が保有している有給休暇を会社が買い取ること。会社は、従業員が保有している有給休暇の日数に見合った賃金額を計算し、有給休暇の残日数に見合った賃金額を支払って精算する。しかし実際には、会社が提示する買取額は微々たるものであり、コストパフォーマンスを考えたら普通に消化したほうがはるかに得である。

優秀な人材【ゆうしゅうなじんざい】

会社に大きな利益をもたらす人材のこと。単に任された仕事を任されただけこなすのではなく、任された以上の仕事をして結果を出したり、み

ずから新しいプロジェクトを立ち上げて成功に導いたりする人材を指す。会社はつねにこのような人材を欲している。欲しているのなら育てればよいのだが、この育成ノウハウを有している会社は多くない。したがって、このような人材がたまたま、偶然に入社してくるのを待つだけの状態となっている。

優先順位【ゆうせんじゅんい】

ものごとが優先される順番のこと。仕事では、重要度と緊急度の優先順位がとくに重要であるとされている。横文字で「プライオリティ」ともいう。売上のシェア8割を占めているA社への訪問をないがしろにし、しぶい注文しかしてくれないB社ばかりを訪問する人。忘年会の仕事だけを熱心に進めて、抱えている仕事の納期に間に合わない人。このような人は、どちらがより重要で、どちらがより緊急かがまるで見えていないといえる。あなたは大丈夫？

行先予定表【ゆきさきよていひょう】物

オフィスの目立つところに掲げられ、部のメンバーの外出先が一目でわかるようになっている表。「山田……新宿→四谷　17時戻り」などと書い

てある板で、行動予定表ともいう。多くはホワイトボードか黒板が使われる。仮にサボるための外出であっても、それを悟られてはいけない。後ろめたさを捨て、力強い文字で書き込むのがポイント。ただ、近年ではGoogleカレンダーを使う会社も多く、後ろめたい予定は力強くパソコンへ入力するだけになる。

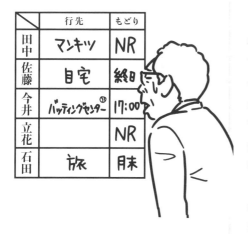

	行先	もどり
田中	マンキツ	NR
佐藤	自宅	終日
今井	バッティングセンター⑬	17:00
立花		NR
石田	旅	月末

ゆとり世代【ゆとりせだい】

厳密な定義はないものの、1987年4月2日～2004年4月1日の間に生まれた世代を指すことが多い。02年実施の学習指導要領に基づいて、ゆとり教育を1年でも受けた世代がこう呼ばれる。個性を伸ばす教育を受けてきたため、自己愛が強く、厳しく叱られるとすぐに心が折れてしまう傾向がある。また、少子化のなかで成長してきたため、競争意識はさほ

ど強くない。……と言われるが、実際は人それぞれ。この世代が社会に出た当初、年長者たちはその独特の感覚や言動に戦々恐々としたものだが、今やゆとり世代という言葉すらあまり聞かなくなった。大半の現場でその世代が多数を占め、気にならなくなったからだ。

ヨイショ【よいしょ】

相手に調子を合わせて、お世辞を言ったりおだてたりすること。目上の相手によく使われる。適度に使えば相手のテンションを上げることができ、ものごとが円滑に進むことも多くなるが、あまりにもあからさまなものはバカにされる。また、ヨイショを好まないドライな人も多い。なお、ダラダラ働く年配社員が仕事に本腰を入れるときに「ヨイショする」という表現を使うこともある。

要領【ようりょう】

① ものごとの大事な点。
② ものごとをうまく進めるコツ。どちらの意味にしても、要領を押さえている会社員は上司に好かれ、要領がつかみ切れない会社員は上司に疎まれる。要領よく進めようとすると、要領を押さえるのを忘れる。

養老SA【ようろうさーびすえりあ】

岐阜県養老郡養老町にある名神高速道路のサービスエリア。大阪と東京の中間地点にあるため、関東から関西へ、関西から関東への陸路での社員旅行におけるトイレ休憩の定番スポットである。岐阜の名産を使った軽食もそろっており、休憩時間にこっそり小腹を満たすこともできる。

よきにはからえ
【よきにはからえ】🈁

「いちいち細かく指示しないけど、最終的にはいい感じに処理しておいてね」の意。ニュアンス的には丸投げに等しい。ただし、役員クラスがこう言った場合はそれなりに責任を取ってくれる。安心して言葉のままのびのびやってみるのもあり。

横文字【よこもじ】

外国語や、それをカタカナ表記にした言葉のこと。「オレ、横文字苦手だからさー」「アイツは横文字得意だよ」など、おもに得意、苦手の文脈で使われる。先端技術を扱う会社は、ビジネス用語も横文字だらけである。なかには「オレは横文字読めん」と、最初から理解する努力を放棄する人もいる。

よしなに【よしなに】🈁

いい具合になるように、の意。「よしなに取り計って」と言われたら、それは「なんとなくいい感じにしておいて」の意味であり、「そっちでうまいことやっておいてくれ」と丸投げされたものと考えてよい。「よきにはからえ」は目上が使うが、「よしなに」は明確な上下関係がない場合に使われる。

よしんば【よしんば】🈁

仮に、たとえ、の意。「よしんばウチの会社がつぶれたとしても」「よしんばオレがクビになったとしても」「よしんばA社との契約が打ち切りになったとしても」など、考えられうる限りの極限に近い状態に陥ったとしても、それを補いうるプラスが見込めるという意味合いで使われることが多い。ただし言外には「本当にそうなっちゃったら困っちゃうけどね」というニュアンスもちょっとだけ込められている。

予測変換【よそくへんかん】

パソコンやスマートフォンなどで、使う人が入力するであろう単語を予測して表示する機能。「お」と入力するだけで「お世話になっておりま

す」と出てきたり、「よ」と入力す
るだけで「よろしくお願いいたしま
す」と出てきたりする。短時間で定
型的な文面をつくるときには便利な
半面、変換候補のなかからちがうも
のを選んでしまってとんでもない文
面になってしまうこともある。また、
IT業界などでは使用頻度の高いコ
マンドの予測変換リストを作成して
いる人もおり、「このリストをあげ
るから、ご飯おごってや」と社内で
の交渉に使われることもある。

よろしくおね

```
よろしく尾根              ∧
よろしく尾根ギア
よろしくお姉さん
よろしくお寝
よろしくお願いします         ∨
```

予定調和【よていちょうわ】

誰もが予想する展開どおりに話が進
み、最終的にそのまま予想どおりの
結末に落ち着くこと。日本企業では
古くから、あらゆる会議や人事がこ
の法則に則って行われてきた。作詞
家・音楽プロデューサーの秋元康は、
これを「幕の内弁当」と名づけた。
ときには予想を覆すような人事が発
表されたり、誰もが考えていなかっ
た案が出てそれが採用になったりす
ることもあり、そんなときはサプラ
イズと称される。しかし最近は、「予
定調和を覆すサプライズ」すらも予
定調和のなかに組み込まれてしまっ
ており、このようなシナリオを得意
気に披露されようものなら、寒々し
さはさらに増すことになる。

40歳【よんじゅっさい】

ビジネスパーソンにとって大きな区
切りで、給与から介護保険料が天引
きされるようになる年齢。会社のな
かでは、一定の役職を任されるよう
になり、中間管理職として仕事量も
増え人間関係面でも社内でもっとも
大きなストレスがかかる時期とな
る。同時に、転職を考えている人に
とってタイムリミットとなる年齢で
もあり、思い切って会社を出るか、
それとも今の会社で生き残るか、決
断を迫られる。体調面では、第二の
思春期とも呼ばれ、理由のない心の
憂鬱や無気力感、焦燥感などを覚え
ることがある。「自分の人生、これ
でいいのだろうか」と思いつめ、退
職、不倫、離婚など、突発的な行動
を起こして人生を壊してしまいやす
い。昔は40歳になることを「不惑」
と呼んでいたが今や惑ってばかりで
聞かれなくなった。

や

社畜 ✕ 漫画

部長と社畜の恋はもどかしい

志茂／作
ぶんか社
2020年

仕事が大好きで、まわりの人から頼られることに喜びを感じる社畜OLの丸山真由美。みんなから「まるちゃん」と呼ばれている彼女は、ある日の会社の飲み会後、酔った勢いで、「定時に上がる」をモットーとしている堤司部長と一夜をともにしてしまう。堅物だと思いきや、じつは優しく気遣いも細やかな堤司に恋をする真由美。しかし堤司は翌日、「俺たちは大人だからわかるよな？」と真由美を突き放す——。残業女子と定時男子。仕事への取り組み方も考え方も、何もかもがまったくちがうふたりが、もどかしすぎるオフィスラブコメディーをくり広げる。2022年にはテレビ東京系列でテレビドラマ化。好評を博し、現実世界の社畜に癒しを与えた。

社畜 ✕ 自己啓発書

プロフェッショナルの条件

ピーター・ドラッカー／著
ダイヤモンド社
2000年

「マネジメントの父」と呼ばれる現代経営学の祖、ピーター・ドラッカーが、「どうすれば一流の仕事ができるのか」をテーマに、みずからの体験を下地として知的生産性向上の秘訣を記した一冊。はじめて読む人のために、ドラッカー自身が著作や論文のなかからエッセンスを抽出し、まとめ直したものである。「仕事を見つめ直し、生産性を高める」「社会にどのような貢献ができるかをつねに自問すべし」といった内容からは、社畜養成本のような匂いを感じ取るかもしれないが、「第二の人生を設計する柔軟さも必要だ」と語り、単なる社畜で人生を終えないための心構えも教えてくれる。日本での刊行からは20年以上経つが、内容は今も十分通用する。

ら・わ行

わからないことは聞いてくれと言われ、聞きにいったら、それくらい自分で考えろと言われる。会社とは、上司とは、先輩とはそういうものだ。でも、顔色をうかがう必要はない。わからないことを、わからないと言う勇気が必要だ。

ライン【らいん】カ

① ある商品の生産工程のこと。ラインを確保したり、整えたりするところから生産は始まる。そのほか、無料で使えるモバイルメッセンジャーアプリを指すこともあれば、連帯している人どうしを指すこともある。「AさんBさんラインに製造ラインを整えてもらうよう、ラインでお願いしておきました」なんて報告を聞くことも、ないとはいえない。

② スマホ・パソコンを使用して他人とチャットや電話をするアプリケーションで、正式名は「LINE」。日本では10代から50代の9割程度が利用しているSNSだ。上司や同僚とLINEの連絡先を交換させる会社も多く存在している。誰でも簡単に扱えることから、謝罪をLINEで軽くすませる若手社員がいたり、グループチャットで仲間外れが起こったりする。出社前や帰宅後、挙げ句の果てには休日まで業務の連絡や指示をする上司が増え、社畜を生み出す原因にもなっている。

ランチミーティング
【らんちみーてぃんぐ】カ

昼食をとりながら行う打ち合わせのこと。込み入った議題が話されることは少なく、午後に控えている商談

の簡単なすり合わせや、午前の会議で伝えられた事項の確認、アイデア会議などが行われる。ちゃんとしたレストランでやるので、おいしい昼食にありつける。おいしいご飯を食べながら話すと会話が弾むのは本当の話であり、白熱しすぎて昼休憩の時間をオーバーすることもしばしばある。しかしこれは単なる昼食ではなく、れっきとしたミーティングなのだから、なんの問題もない。

リア充【りあじゅう】

インターネット上の仮想空間ではなく、リアル（現実世界）の生活が充実している人のこと。2000年代半ばに生まれた言葉で、若者を中心に一気に浸透した。未婚の人は素敵な恋人に恵まれ、既婚者は温かい家庭をもっていて、やりがいのある仕事に

就いていて平均以上の年収を稼ぎ、休日には余暇をともに楽しむ仲間がいるような人を指す。しかし、そのような人は世の中にはあまりいない。

リーダーシップ
【りーだーしっぷ】カ

組織をまとめ、目的を果たすために導く能力のこと。会社や部署、プロジェクトの大小を問わず、管理職ならばぜひ身につけておきたい能力である。ただ、意見を聞かず、状況判断もせず、自分の考えを強引に押し進めるのをリーダーシップだと思っている上司は多い。就職活動では「リーダーシップをもっている学生が採用されやすい！」という信仰が浸透しているため、グループディスカッションでは誰も彼もがリーダーや司会者になりたがる。しかし慣れていないことにしゃしゃり出るのは危険で、無能なリーダーに振り回されたグループはあえなく全滅するはめになる。

利益【りえき】

儲けのこと。収入から支出を差し引いた額を指す。500万円の売上があり、そのために480万円の支出があった会社も、500億円の売上があり、そのために499億9980万円の支出が

あった会社も、利益は同じ20万円である。上司はよく「売上を伸ばせ！」と発破をかけるが、そのためにジャバジャバとお金を使っていては結局儲からないことを忘れてはならない。

リカレント【りかれんと】カ

学校教育から離れて社会に出た人が、ふたたび教育を受けること。社会人の学び直しとも呼ばれる。もともとはくり返す、循環するの意であり、教育と仕事を循環させることからこう呼ばれている。女性が出産後に復職しやすくなったり、転職のしやすい世の中になったりなど、働き方が多様化したことで、生き方の選択肢もまた増えたことにある。厚生労働省はリカレント教育を推奨しており、学びやすい環境が整備されているが、学ぶかどうかは当人のやる気次第である。

離職率【りしょくりつ】

仕事に就いていた労働者が、一定期間のうちにどれくらい仕事を辞めていったかを表す指標。高ければ高いほど、労働者が定着しにくい仕事であることを意味する。同じ業種でも会社によって大きな差が出るため、業界単位より会社単位で見たほうがより実態に即しているといえる。離

職率が低い会社は、優良企業かもしれないが、社畜化が進んでいる可能性もある。「ウチの業界は離職率は低いぞ。その分、独身率は高いけどな！」というよくわからない冗談が横行している業界もある。

リスキー【りすきー】カ

リスクが大きく、敢行するには危険をともなうさまを表す形容詞。「リスキーな交渉」「リスキーな計画」など。リスクとは一般的には「失敗したり損をしたりする危険」のことであり、人間として何かしらの行動をするからには、すべてのリスクを回避することはできない。そんなことは百も承知で、それにしても得られるリターンに対するリスクが大きすぎる場合は、この語が使われる。

リスクヘッジ【りすくへっじ】カ

起こりうる危機を回避するために、逃げ道をつくっておくこと。これさえしておけばどんな危険がきても安心……のはずなのだが、ビジネスでは不思議と、「リスクをヘッジしようとしたときにはすでに手遅れ」という事態もひんぱんに起こる。危機を回避する能力以上に、危機を察知する能力が重要だ。

リスケ【りすけ】カ

リスケジュールの略。日程を再調整すること。「せっかくお忙しいところ、予定をとっていただきましたのに恐縮ですが、日程の再調整をお願いしたく……」という長々としたメールが、この語を使えば「申し訳ありません。リスケをお願いしたく存じます」ですむ。言葉がライトになって頼みやすくなったからといって、何回も何回もリスケを行っていると、「先が読めないヤツ」と思われるので注意。

理想の上司【りそうのじょうし】

さまざまなメディアで実施され、結果が公表されている、「理想の上司とはどんな上司か？」を若手社員に問うアンケートのこと。かつては「熱く仕事に取り組む人」「ビシッと叱ってくれる人」といった情熱系の上司が人気だったが、昨今は「優しい」「丁寧に指導してくれる」「よくほめてくれる」といったワードが上位に並ぶようになった。アンケートには「有名人なら誰を上司にしたいか」という項目を設けられており、毎年、テレビドラマでよい上司役を演じたり、バラエティ番組で兄貴分気質を発揮したりしている人が上位に並ぶ。

利他精神【りたせいしん】

自己を犠牲にし、他者の利益に貢献しようとする心構え。とかくチームプレーが求められる日本の会社では重要視されがちであり、新入社員たちは研修でこの精神を徹底的に叩き込まれる。京セラ創業者の稲盛和夫は「利他の心」を経営哲学として掲げており、多くのビジネスパーソンがもつべき精神であると認知されている。まわりに目を向け、チームや会社に貢献する姿勢は必要だが、自分のことをまったく考えなくなってしまうと、いいように使われるだけの社畜となってしまう。

リテラシー【りてらしー】カ

あるものを使いこなす力のこと。「メディアリテラシー」といえば、テレビや新聞、インターネットなどのメディアにあふれる情報のなかから、正確で自分に必要な情報を選び出す力のことであり、「ネットリテラシー」といえば、やはりネット上の情報のなかから正しいものを探し出したり、SNSでの煽り合いにも動じなかったりする力のことを指す。メディアにしてもネットにしても、自分では使いこなしているつもりが、いつの間にかそれらに振り回されていることがある。気をつけたい。

リモート勤務
【りもーときんむ】カ

オフィスに出社せず、自宅やカフェ、コワーキングスペースで仕事をする働き方のこと。まったく出社しない場合は「フルリモート」ともいう。肉体的、精神的に疲れる通勤がなくなるために生産性が高まりやすくなり、育児や介護をしながらでも働きやすいというメリットもある。しかし気をつけないと、「カフェで働き、トイレに立っているあいだにパソコン画面から大事な情報がダダ漏れ」「電話の内容から大事な情報がダダ漏れ」ということにもなりかねない。

リモート疲れ【りもーとづかれ】

リモート勤務を続けることによる蓄積疲労のこと。新しい働き方に慣れないことによる気疲れはもちろん、本来はリラックスする場所である自宅で仕事をすることにより、本当に心を休められる場所が失なわれたこ

とも大きな要因となる。まじめで几帳面な人が陥る半面、普段から「いかにサボるか」を第一に考えていて、リモートによる働き方が広がることを喜んだ怠け者には無縁の疲労でもある。

流動性【りゅうどうせい】

動きやすさのこと。金融商品や人についてよく用いられる。金融商品の場合は、いつでも売買が可能で、希望する数量をそろえたりさばいたりしやすいものを「流動性が高い」という。人の場合は、転職が活発に行われ、優秀な人材が市場に出やすく、採用もされやすい業界を「（人材の）流動性が高い」という。流動性の高い業界は、少しでも実績を出せば他社に移籍しながら簡単にキャリアアップを図りやすい半面、一社に腰を据えて働き続ける人材が少ない業界であるともいえる。

流動的【りゅうどうてき】

本来は、先々に変わりうる状況に対応するために「あえて」現段階では策を決めないことを指すのだが、現実には何も考えずに先送りにしているだけの状況を指すことが多い。世の中のだいたいのことは流動的であるため、だいたいの先延ばしは「流

動的ですから」と言い訳することができる。非常に使い勝手のいい言葉だが、使われる相手にとってはいい迷惑である。

料理【りょうり】

仕事を処理することのたとえ。「材料を仕入れる」「下ごしらえをする」「味付けをする」「スパイスを利かせる」「煮つめる」など、ビジネスパーソンはスポーツのみならず、料理にまつわるたとえも大好きだ。味付けに時間をかけすぎた結果、鮮度が落ちて腐らせてしまうこともある。

稟議【りんぎ】

自分や直属の上司の一存では決めることのできない重要な事柄について、会議を開催せずに書面で上層部に回覧し承認、決裁を得るための手続きのこと。回覧する書面は稟議書と呼ばれる。なお、稟議書に押すはんこは、自分より上の役職のはんこ

○年○月○日

稟議書

_____殿

社長	専務	常務	部長	課長	係長
山田	木木	田女	峰	悢	悢花

欄に対してお辞儀をするように傾けて捺すのが礼儀であるとされている。そのため礼儀を守って稟議書をつくると、社長以外のはんこがみんな社長に向けてお辞儀をしているような滑稽な書類ができ上がる。

ルーティンワーク
【るーてぃんわーく】 ㋕

決まり切った仕事のこと。頭をさほど使わないため、とにかくやりさえすればメドを立てた時間どおりに終わる仕事である。楽といえば楽だが、ルーティンワークの処理に自分の生きる道を見いだしていると、いつか AI に自分の居場所を奪われることになってしまう。やりがいとのバランスは重要だ。

レギュレーション
【れぎゅれーしょん】 ㋕

業界内での規則、規定、取り決めのこと。法令ほどではないものの、必ず守らなければいけない厳格なものである。聞き慣れない横文字に戸惑うが、要は、単なる規則である。

レジリエンス 【れじりえんす】 ㋕

回復力のこと。とくに精神面の回復力を指す。おいしいものを食べたり、

一晩寝たりするとすぐに嫌なことを忘れる人は、レジリエンスが非常に高いといえる。最近は社員のストレスを低減させようとレジリエンス向上に会社ぐるみで取り組む動きも増えているが、会社そのものが嫌な人に対しては残念ながら効き目はない。

レスポンス 【れすぽんす】 ㋕

反応や返事の意。「メールをしたら、その日の勤務時間内に必ず返事が返ってくる」「電話をしたら、仮にそのときは出られなくても、電話できる状況になったらすぐに折り返しの電話がかかってくる」のが、レスポンスが良い人の例である。逆もまたしかり。レスポンスが悪い人は、仕事ができる、できない以前に人間性の面でいろいろ疑われてしまうこともある。

連勤【れんきん】

連続で出勤、または勤務すること。完全週休二日制の会社の場合、通常は5連勤となる。14連勤を超えたあたりから「いやーキツいわー。ウチの会社ブラックだわー」と連勤自慢をする人が増えるが、残念ながら甘い。労働基準法には「最低でも週1回は休日としなければならない」のを原則としたうえで、月4日の休日

があればこの原則は適用されないとしていて、この抜け穴をつけば最大24連勤までは合法となる。騒ぐなら25連勤を超えてから……。

老害【ろうがい】

権力を握っている中心人物が、自分が老いて古い感覚にとらわれていることに気づかず（あるいは認めず）、傍若無人な言動で幅を利かせ続け、若手の活躍や成長を妨げていること。若手の敵である。たしかにどんなコミュニティにもいるものだが、若者が、ちょっとでも気に食わないことがあると年長者を老害呼ばわりする現象も増えており、世代間の対立を深めている。

労基署【ろうきしょ】

労働基準監督署の略。厚生労働省の出先機関。労働基準法をはじめとする法令に基づいて、労働基準法違反の取り締まり捜査や労災保険の給付などを行う。ブラックな職場に不満をもつ従業員の駆け込み寺となっており、理不尽すぎる制度、要求に対しての最後の対抗手段として使える。

労災【ろうさい】

労働災害の略。労働者が業務中や業務に関連する状況で事故に遭ったり疾病にかかったりすること。2018年に届け出が行われた数は死亡者数909人、休業4日以上の死傷者数 12万7329人とけっして無視できない数字になっている。当然のことながら、会社で働く時間が長ければ長いほど労災に遭う確率は高まるわけで、労災の遭遇率は社畜度に比例するといえるかもしれない。

労使協定
【ろうしきょうてい】制 行

労働者と使用者とのあいだで締結される、書面による協定のこと。とくに労働基準法の範囲内では働きづらい業種において、労働基準法の制限をゆるやかにし、融通を利かせて働けるようにするのを目的に交わされる。おもな例はフレックスタイム制の導入、高齢者の継続雇用、1カ月単位の変形労働時間制の導入など

だ。使用者と労働者の双方が合意してはじめて成立するものなのだが、適用後、使用者側が労働者の権利をじわーっと侵食してくるのがつねである。なお、小さな会社では実質存在しないことも多い。

労使交渉【ろうしこうしょう】行

労働組合と使用者が行う交渉のこと。議題は賃金、労働時間、雇用維持といった、労働条件に関するものがほとんどである。とくに2〜3月に大手製造業の労働組合と使用者が行う労使交渉を春闘（春季生活闘争）と呼び、その結果がほかの中小企業の新年度の賃金や労働時間の基準となる。そのため、全国の中小企業の労働組合員たちは、春闘の動向を注視し、労働組合側を熱烈に応援することになる。

労働基準法【ろうどうきじゅんほう】制

労働者を保護する法律のひとつ。労働組合法、労働関係調整法と合わせて労働三法と呼ばれる。1947年の施行以来、長きにわたって労働者を守り続けてきた……かと思いきやそうでもなく、今なお日本全国の職場で労働基準法違反が起こっている。違反であるからには労働者が訴えたら勝てそうなものなのだが、現実には、使用者からの報復を恐れ、労働者はなかなか訴え出ない。

労働条件【ろうどうじょうけん】

労働者が使用者のもとで働くにあたって取り決められる、就労に関する条件。賃金や労働時間、休息などについて定め、労働条件通知書として労働者に渡される。しかしやはり、実際に働きはじめた途端に通知書に記された労働条件はなあなあになり、労働者が泣き寝入りをこうむることが多い。しっかり内容を見ておこう。

ロールモデル【ろーるもでる】カ

考え方や言動がまわりの人の模範となる人物のこと。また、自分にとってお手本となる人について「あの人

は私のロールモデルだ」のように使うこともある。自発的に誰かを手本にすることではじめて意味が出てくるはずなのだが、最近は会社側が「キミのロールモデルはこの人だ」と設定する事例も出てきており、「そういうことでいいのかな？」という気がしなくもない。

ローンチ【ろーんち】カ

新商品を発売したり、新サービスを開始したりすること。一般消費者には「リリース」のほうが浸透しており、業界内、社内で使われることが多い。あえて「ウチの会社の新サービスがようやくローンチした」なんて話すと、わざわざ難しいカタカナ語を使ってるイタいヤツと見られることもある。

ロジカルシンキング
【ろじかるしんきんぐ】カ

論理的思考のこと。筋の通った考え方や話し方を指す。仕事における問題解決では、原因の特定や解決、再発防止策の立案などに役立つ。2000年代半ばから、ビジネスパーソンに必須の思考であるともてはやされた。結果、なんでもかんでも論理的にしか考えられない四角四面のビジネスパーソンが数多く誕生し、近年

はより柔軟な思考法であるラテラルシンキングが流行している。みんながロジカルシンキングを意識すると、会議が長くなる。

ロスジェネ【ろすじぇね】カ

ロストジェネレーションの略。直訳すると「失われた世代」であり、バブル崩壊後、約10年間に就職活動をした人たち（1970〜82年前後生まれ）を指す。厳しい就職活動を強いられたため、仕事への向き合い方もまた厳しく、何事にも一生懸命に取り組み、上司からの指示に忠実である。望まずとも社畜になってしまった人が多い。また、将来に不安を覚え、収入を貯蓄に多く回す人が多いのも特徴だ。しかし生き方が慎重すぎるために、ほかの世代の割を食うこともよくある。ゆとり世代の育ってきた環境を批判しているが、内心はとてもうらやましいと思っている。

ちょまてよ！

ロット【ろっと】カ

1回あたりに生産する製造単位のこと。製品によってその数はピンキリであり、10個の場合もあれば1000個の場合もある。ロットが10個の場合、仮に12個ほしいのだとしても、10×2の20個をつくる必要がある。店頭では品薄なのに、増産になかなか踏み切れない原因の多くは、ロットにあるといっていい。

ロハ【ろは】言

タダ、無料の意。漢字の「只（ただ）」を上下に分解すると、カタカナのロとハになることから。「ロハでお願い」と言われたら、「サービスでやってよー」とねだられていることを意味する。言いづらい、法に触れそうなことを軽い語感にする、タチの悪い言葉である。

ワーカホリック
【わーかほりっく】カ

英語で仕事（Work）とアルコール中毒（Alcoholic）を組み合わせた造語で、文字どおり仕事中毒の状態。自分の健康や余暇、家族、恋人、友人関係などの私生活をすべて犠牲にしてまでも仕事に打ち込んでいる人を指す。仕事が好きで、実際

によくできる人が多いのだが、「自分は働かなければならないのだ！」という思い込みにとらわれているのが大きな特徴で、会社としては使い勝手の良い人材であるといえる。

ワークシェアリング
【わーくしぇありんぐ】カ

仕事を複数人で分担すること。それぞれの労働時間を短くして、ひとりにかかる負担を減らすことができ、生産性と効率性が高まるという。一方で一従業員の立場からすれば、労働時間の減少にともなって給料が減る心配もしなければならない。「個人の負担を減らし、生産性を高める」は建前で、会社の本音は一人あたりの人件費削減にあるのではないかとする声もある。

ワークショップ
【わーくしょっぷ】カ

体験型講座のこと。参加者たちはいくつかのグループに分かれ、提示された課題に向き合いながら、グループ内で話し合って答えを見つけ出す。最後には各グループの代表者が成果を発表し合うのが一般的である。興味のあるものに個人で申し込んで参加する場合もあれば、社長が連れてきたわけのわからないコンサ

ルタントの仕事に一切関係のない講座に参加させられるハメになることもある。

ワークフロー【わーくふろー】カ

仕事の流れを図示したもの。今携わっている仕事を俯瞰的に見ることができるため、「誰がどのような作業をするのか」「どのような手続きが必要なのか」といった一つひとつの動きが見やすくなり、問題点を見つけたり改善策を出したりするのに役立つ。ただし、図示されることで、なんとなく働いている雰囲気を出しているけど、じつは何もしていない人の存在がバレてしまう。

ワーク・ライフ・バランス
【わーく・らいふ・ばらんす】カ

仕事と、仕事以外の生活（育児、介護、趣味、学習、休養、地域活動など）との調和をとり、その両方を充実させる働き方のこと。やるべき仕事を放り出して上司になんの相談もなく毎日定時に帰るのは単なる自分勝手であって、けっしてワーク・ライフ・バランスではない点に注意したい。プライベートは見えないので、本人のバランスと上司、同僚のバランスは異なる。

ワーケーション
【わーけーしょん】カ

観光地や帰省先など、自宅とは大きくかけ離れた環境でリモートワークを行うこと。「Work（ワーク）」と「Vacation（バケーション）」を組み合わせた造語である。2000年代にアメリカで始まったものでありながら、日本ではまったくなじまない働き方であったが、働き方改革とコロナショックで状況が一変。リモートワークが普及したことにより、日本でも採用する企業や人が増えはじめた。良い気分転換になって仕事がはかどるという人がいる半面、ワーケーション期間は休暇扱いとなるため、「要するに休日勤務ではないか」との声も上がっている。

若者言葉【わかものことば】

10代から20代前半にかけての若者が日常的に使っている言葉。社会人になったら言葉遣いは正しく……と思いつつも、染みついた口癖はなかなか抜けず、ふとした拍子につい出てしまうものである。ここでは、ビジネスパーソンが使いがちな若者言葉の代表的なものを取りあげる。

えぐい：突出している、すごい、の意。「Aさんの営業力、まじえぐいっすね」

エモい：良い意味で感情をかき立てられるさまを表す。「感動した」「いい感じ」くらいの意味。「さっきのプレゼン、超エモかったです！」

とりま：「とりあえず、まぁ」の略。時代を問わず、若者はなんでもよく略す。「とりま、12時集合でいいすか」

○○み：語尾に「み」をつけ、共感を誘う言い回し。「つらみ（なんかつ

らい）」「よさみ（よさそう）」「わかりみ（よくわかる）」など。「わかりみがすぎる（すごくよくわかる）」といった応用例もある。

めっちゃ、ウザい、○○っぽい、イケてる：かつて若者言葉とされていたこれらは、今ではすっかり一般化した。それどころか、ちょっと古めの言葉になりつつある。ちなみにこれらの言葉は、オフィシャルな会議の場面では使ってはいけない。

若者の○○離れ
【わかものの○○ばなれ】

年長者から見て、「最近の若いもんは、あんなこともこんなこともしなくなったなぁ」と感じるものの総称。たとえば次のようなものがある。一定の年齢が離れると、共通の話題がないため会話が弾まず、ジェネレーションギャップの埋め方がわからない年長者もまた増えている。逆に言うと、あえて近づくことで、年配者の心をつかむしたたかな者もいる。

新聞離れ：「なぜ1日遅れの情報を読むためにお金を払わなければならないのか」と考える人は多い。若者はSNSが発信するニュースサービスやネットニュースで情報をつかむ。

テレビ離れ：家での娯楽も、かつての「テレビ＆テレビゲーム」から、

すっかり「ネット＆ネットゲーム」へ移行した。2021年にはついに、ネットの広告費がマス4媒体（テレビ、新聞、ラジオ、雑誌）の広告費を逆転。

車離れ：とくに都市圏で深刻である。「なぜ電車、徒歩、自転車で事足りるのに、わざわざ大金をはたいて、維持費のかかる車に乗るのか」と考える若者は多い。

お酒離れ：「そもそもお酒ってまずくない？」「しかも健康に悪いんでしょ？」「そんなものになぜわざわざお金を払わなければならないの？」と考える若者は多い。もちろん会社の飲み会も、できれば参加したくないと考えている。また、ほぼ同じ理由で「たばこ離れ」も起こっている。

カラオケ離れ：2000年代のはじめまで、飲み会の二次会はカラオケが定番だった。近年、「上司や初対面の相手への気遣いがめんどう」と考える若者が増え、コロナ禍もあって利用者は激減した。ただし、「ひとりカラオケ」が登場し、人気を集めている。ストレスがたまったときに、そこでうさ晴らしする者も多い。

結婚離れ：将来への金銭的な不安から結婚したくないと考える人が増えている。また、ひとりでの生活が充実していて「この自由を失いたくない」と、結婚という生き方を選ばない人も同じく増えている。

恋愛離れ：結婚離れどころか恋愛離れも増えている。「恋愛しなくても楽しいので」「二次元のキャラしか愛せない」などさまざまな意見がある。じつは、自分に自信がなく、異性にアプローチすることから逃げているだけという説もある。アピールされるとすぐ恋に落ちる若者は多い。

私【わたくし】

一人称を表す、格式ばった上品な言葉。公式な場でのあいさつ、就職活動などで使われる。会社のなかでも「わたし」が一般的。学生気分が抜けていない新入社員が「僕」「俺」「あたし」「うち」を一人称で使うと、もれなく注意されるだろう。親しい友人に対してプライベートな場で「わたくしは〜」と言ってしまう人は、たいてい働きすぎてクセが治らなくなっている。

1on1【わんおんわん】 カ

上司と部下が1対1で行う面談のこと。上司の立場からすれば、複数人で行うミーティングよりも部下が抱えている悩みややりたい仕事を聞き出しやすく、チームの運営や部下の成長につなげやすいメリットがある。セミナーやビジネス書、ネット記事などでその意義の高さがよく発

信されていることから、「1 on 1で」と誘う上司が増えているが、部下からすれば時間をとられるうえに話の合いそうもない年上の人にあれやこれやと探られる不快な時間であることも多く、万人に好評であるとはいいがたい。

ワンコールで取れ
【わんこーるでとれ】📢

電話に関する上司のお小言。かかってきた電話は率先して取るのが若手社員の基本であり、電話の音がツーコール目に差しかかると上司はピリつき、この言葉を発する。そうかといって「早く取れば取るほどいいのだろう」と着信音が鳴らず電話が光った瞬間に取ると「相手がビックリするだろう」と叱られる。さじ加減が大切だ。

ワンチーム【わんちーむ】カ

2019年のラグビーワールドカップで史上はじめてベスト8入りした日本代表チームがテーマに掲げていた言葉。かつて弱小チームとされ、強豪国にまったく歯が立たなかった日本代表が、一丸となってチームプレーに徹し、強豪国を倒して勝ち進んだことで、一躍流行語となった。エリート選手がそろったスポーツにおいては、この姿勢は重要だが、一貫しない方針、バラバラすぎる能力、低いモチベーションがそろった会社において、ワンチームで何かやっても、ろくなことにならない。

ワンマン【わんまん】カ

他人の話に耳を貸さず、自分の思うままに振る舞う人のこと。「ワンマン社長」「ワンマンチーム」など、会社やチームの中心人物の気質、振る舞いを指すことが多い。ただ、その強引さゆえに会社の業績を伸ばしたり、個人としてとんでもない数字を叩き出したりしていることも多く、目をつぶるべきかいさめるべきか、まわりの人が苦慮する場面は多い。一代で成長した会社は、程度の差こそあれワンマンである。

社畜 ✕ 自己啓発書

道は開ける

デール・カーネギー／著
創元社
1999年

『人を動かす』と並ぶ、デール・カーネギーの代表作。日本語訳は発行部数300万部を超える大ベストセラーとなった。人生を歩むうえで誰もが対峙する悩みとどう向き合い、どう乗り越えるべきか、シンプルかつ具体的に解説している。たとえば、悩みを解決する「魔術公式」として「起こりうる最悪の事態とは何かを考える」「最悪の事態を受け入れる覚悟をする」「最悪の状態を好転させる努力をする」の3ステップを提示。そこから、悩みを分析し、半減させる方法へと論は進む。カーネギー自身も大学卒業後、教師、セールスマン、行商人と職を転々とした経歴をもっている。先が開けずに苦しんだ経験が本書につながっているのかもしれない。

社畜 ✕ 自己啓発書

道をひらく

松下幸之助／著
PHP研究所
1968年

一代で松下グループを築き上げた「経営の神様」松下幸之助による自己啓発本。初版刊行は1968年にもかかわらず、今なお読み継がれる大ベストセラーで、累計発行部数は500万部を超えている。内容は、9歳のころから働いていた松下が、自身の体験から得た人間や人生への洞察を余すところなく綴った随想集。起業家、経営者としての実績が実績だけに、シンプルで軽妙な文章のなかにも重みがある。なかには昭和ならではの精神論が見られる部分も散見されるが、刊行されたのは高度経済成長期真っ只中。世には「モーレツ社員」がたくさんいて、みな社会のため、会社のため、家族のために奮闘していた時代であり、揶揄されるべきものではない。

おわりに

　777の社畜語、いかがでしたか？　この本を読んだあなたは、成功や幸福に近づくことができました。若手社員が会社を辞める理由のトップ2は、待遇への不満と、社内の人間関係に対する不満です。

　社畜語というと、マイナスなイメージがつきまといますが、本書で取り上げた言葉の多くは、昭和、平成、そして令和の今でも、ビジネスの現場で使われています。会社には、部下、先輩、上司、社長と、さまざまな年代のさまざまな立場の人が、さまざまな働き方をしています。

　社畜語という共通の言語をうまく使いこなすことで、彼らと円滑なコミュニケーションを図り、ビジネスパーソンとして成長しましょう。そうすることで、昇進やキャリアアップ、そして昇給が見えてきます。転職する際にも、役に立つでしょう。

　みなさんの今、そして将来が明るく楽しいものになることを心より願っています。

唐沢 明

監修者　**唐沢明**（からさわ・あきら）

ビジネスマナー講師・コミュニケーションアドバイザー・大学講師・作家。大学卒業後、大手出版社の営業部、編集部を経て、2000年に独立。多くの大学で面接・就職講座講師、企業では新人研修・ビジネスマナー・敬語・コミュニケーションの講師を担当する。NHK Eテレ「目指せ！会社の星」「オトナへのトビラTV」などにもゲスト出演。オンライン学習動画スクー（Schoo）で「ビジネスコミュニケーションの教科書」講師としてレギュラー出演。著書は、10万部超のベストセラー『さすが！と言われる話し方・聞き方のビジネスマナー』（高橋書店）をはじめ、『大学生からはじめる社会人基礎力トレーニング』（丸善出版）、『敬語すらすらBOOK』（成甲書房）など90冊にのぼる。

ブックデザイン	**吉永昌生**
DTP	**造事務所**
執筆	**中井弘平**
イラスト	**ひらのんさ**
編集協力	**大場元気**
編集	**石沢鉄平**（株式会社カンゼン）

社畜語辞典

発行日	2023年3月13日　初版

監　修	唐沢 明
編　著	造事務所
発行人	坪井 義哉
発行所	株式会社カンゼン
	〒101-0021
	東京都千代田区外神田2-7-1 開花ビル
	TEL 03（5295）7723
	FAX 03（5295）7725
	https://www.kanzen.jp/
	郵便為替 00150-7-130339
印刷・製本	株式会社シナノ